# 奔流の彼方へ

戦後70年沖縄秘史

JN258796

新報新書

## プロローグ



## 第1部 開戦前夜



## 第2部 戦渦



## 第3部 戦場



## 第4部 旅愁

本書は2015年1月4日～4月26日、同6月7日～11月29日に掲載された連載企画「奔流の彼方へ　戦後70年沖縄秘史」、関連記事をまとめた。文中は主に敬称略。断りがない限り地名を含む名称、年齢は当時に合わせて表記した。

# プロローグ　2013年

那覇空港で開催された県平和祈念資料館主催の巡回展示会「日系二世が見た戦中・戦後」。画面で語る男性はハワイ移民県系2世の儀間真栄＝2015年2月11日

二〇一三年十一月三十日、沖縄県糸満市摩文仁の県平和祈念資料館。ハワイに移民した県系人の戦争体験に関するシンポジウムが開催された。講堂に詰め掛けた聴衆が見詰めるスクリーンには、同館企画展の一環として収録された、真珠湾攻撃や沖縄戦の体験を証言する県系人らの姿が映し出されていた。その一人として、県系二世の儀間真栄（八八）も現れた。

おそよ七〇年前、米通訳兵として沖縄戦を体験した真栄は当時、任務とは別に大きな目的を胸に秘めていた。一人だけハワイの両親やきょうだいと離れ、沖縄で暮らす弟の昇を捜すことだった。

当時、昇は祖父母と三人で暮らしていた。やがて昇は県立第二中学校に通い、鉄血勤皇隊の学徒兵として、戦渦に巻き込まれていく。そして兄弟は敵として対峙《たいじ》していることを知らないまま、沖縄の戦場で互いに銃を握ったのだった。

スクリーンの中で、真栄が語った。「沖縄戦が終わった後、昇はＣＩＣになったんだ」

News

# 米陸軍CIC　60年代、親米派も監視　琉球の共産化警戒

■元諜報員ら初証言　企業資金を調査
疑い対象　全住民

沖縄県祖国復帰協議会（復帰協）が結成されるなど復帰運動が高揚した一九六〇年代の沖縄で、反米的な活動を防ぐため、政治活動や大衆運動に関わる住民を監視対象にして諜報活動（防諜）などをしていた米陸軍対敵諜報隊（ＣＩＣ）の実態について、元所属兵らが琉球新報の取材に応じ、当時の詳細な活動を初めて

インタビューに応じた西岡スタンリー康成＝２０１４年６月、米国ハワイ州オアフ島

2015年1月1日付　琉球新報1面

証言した。応じたのは沖縄に駐留していたＣＩＣ五二六分遣隊の元米兵、西岡スタンリー康成さん（八八）＝ハワイ州＝と儀間昇さん（八七）＝宜野湾市＝の二人。西岡さんは「（米軍が共産主義とみなした）人民党だけでなく、親米的な政党や企業も総ざらいに資金の流れなどを調べた」と答え、当時の米軍が反米活動家だけでなく住民全体に疑いの目を向け、監視対策していたことを明らかにした。尾行や尋問を受けたという監視対象者の証言は報道などで知られるが、防諜活動に携わった当事者の実名の証言はほとんどない。

自宅でインタビューに答える儀間昇＝２０１４年４月、宜野湾市嘉数

二人は共にハワイ移民の二世で、当時

は一等軍曹。西岡さんは六二～六六年、儀間さんは五八～六六年、沖縄に駐留した。六二年のキューバ危機で東西冷戦の緊張が高まった一方、沖縄では米軍が沖縄と日本の隔離政策などを徹底した時期だった。

証言によると、CIC五二六分遣隊は約三〇～五〇人が所属し、うち防諜活動に当たるエージェント（諜報員）は約十五人で本島内を中心に活動した。諜報員は政治や経済、労働組合など情報収集の対象で各班に分かれた。

西岡さんも諜報員として政治、経済を担当。「（国場組創業者の）国場幸太郎さんや当時の那覇市長だった西銘順治さんと親交を持った」と証言した。監視対象者の尋問もしたという。

政党の資金源を確認するため政党の収支、政治資金も調べた。「表向きは親米的でも、裏で人民党の協力者であることも想定し、銀行口座や税務署などで調べた。公的資金が共産主義へ流れることも警戒し、公共事業の受注企業も対象だった」と明かした。

本部は六〇年代、当時の在那覇米国領事館（現在の陸上自衛隊那覇駐屯地内）

の近くにあった。西岡さんと渉外官の儀間さんは那覇市東町の事務所を拠点に活動。西岡さんは「任務は治安を守るためだ。住民をいたずらに処罰することはなかった」と語った。

　県文化振興会の仲本和彦公文書主任専門員は「米軍統治下時代の沖縄に関する米軍の公文書で、直接行動していた諜報員の名前は記されていない。彼らの身を守れないとオペレーション自体が成り立たなくなるからだ。実名の証言は貴重だ」と語った。

■米陸軍対敵諜報隊
（Counter Intelligence Corps＝CIC）

米占領下の沖縄で、米軍への敵対行動を未然に防ぐため対象者を監視、調査する部隊。終戦直後は日本各地にも駐留し、シベリアから帰還した元日本兵、共産党関係者を監視した。戦時中には捕虜を尋問し、敵国の機密文書を収集、翻訳などの任務に当たる。占領下では反米的な破壊行為やスパイ活動、扇動などに関する情報を集め、米軍の秩序維持にその情報を生かしていた。所属兵は米国に移民した両親を持ち、日本語を話せる日系二世、三世らが多かった。

一九四五年の沖縄戦では少なくとも六つのCIC分遣隊が沖縄に上陸し、日本軍の機密情報を収集した。民間人を尋問し、住民に成り済ました日本兵の割り出しなども担った。

四六年七月、沖縄占領の管理権限が米海軍から米陸軍に移管された。米国政府の報告書によると、フィリピンに駐屯していた隊の流れをくむCIC五二六分遣隊が四七年十二月から沖縄に駐留した後、米軍政権下の沖縄で防諜活動を展開していく。当初は将校四人、准尉四人、下士官九人で構成された。

沖縄では渡航の許認可を握り、監視対象者の沖縄の出入りを認めないことも多かった。復帰運動に取り組む人や軍雇用員を尋問し、思想調査も実施した。これらは基本的人権を不当に侵害するとして、沖縄の内外で大きな反発を招いた。

人民党員だった故国場幸太郎氏（経済人の国場幸太郎氏とは別人）は五五年にCICの尋問を受け、その際に暴行されたと記録を残している。国場さんの体験と西岡さんらの駐留の時期は異なるが、西岡さんらは「CICが暴行することはないし、聞いたこともない」と否定した。

米公文書や証言などによると、琉球警察や琉球政府など各機関、民間の協力者などを通じて情報を集めていたことも分かる。

沖縄で集められた情報は東京などを経由し、米本国の上部組織などへ送られた。日本本土の占領が終わる五二年四月まで、米軍は本土でも共産主義を警戒し、シベリア抑留から帰還した元日本兵や共産党関係者などを調べていた。ハワイ移民の県系二世、大城義信さん（八六）＝ハワイ州＝は四六〜四九年、CICの米兵として神戸、舞鶴に配置され、シベリア帰還者を尋問した。大城さんは「当時のソビエトは米国の資本主義に対抗するため、労働者社会の思想をシベリア抑留者に教え込んでいた。帰還者が日本に入国する際にそのような思想に洗脳されていないかを調べ、帰国後の足取りなども確認した。二人ほど沖縄県出身者も尋問したことがある」と証言した。

米軍は第二次世界大戦後、フィリピンやドイツ、韓国などにもCICを駐屯させ、世界各地で情報収集に当たった。

自宅でインタビューに応じた大城義信＝2014年6月、米国ハワイ州オアフ島

■琉警を下部組織に

在日米軍の歴史に詳しい我部政明琉大教授（国際政治学）の話

証言によると、沖縄のCICの情報源は琉球警察に対する依存の割合が高かったことが分かる。米軍は沖縄戦終結後、憲兵隊の指揮系統の下、住民で構成される民警察官（CP）を発足させた。単に基地外の治安に対応させるだけでなく、基地の警防も目的とした。CPはのちに琉球警察となり、復帰後は沖縄県警察となる。復帰するまで、米軍のCICや諜報機関などの下部組織ともいえる役割も

実質担っていたことが分かる。

■面従腹背を警戒

沖縄国際大学の鳥山淳教授（現代沖縄政治社会研究）の話

当時の関係者がＣＩＣの狙いを明らかにしており、重要な証言といえる。最も警戒していたのは占領統治に対する武装闘争だったようだが、五〇年代半ばまでと六〇年代とでは、その警戒レベルが変化していたと推測できる。人民党員を弾圧し投獄した五〇年代半ばと比べると、今回証言した二人がＣＩＣで活動していた時期には武装闘争に対する警戒レベルが下がっていたため、非人道的な方法を用いてまで諜報活動を展開する必要がなくなっていたのかもしれない。その一方、米軍に協力的な政党や人物について、その資金の流れを調べていた点は、新たな証言として興味深い。沖縄社会の面従腹背的な動きを警戒し、人民党に限らず幅広く監視の対象にしていたことが分かる。

# 第1部

# 開戦前夜

玉城尋常小学校5、6年ごろの儀間昇（左）といとこたち。1940年前後、玉城村の自宅前で撮影したとみられる（本人提供）

# ハワイ移民

## 新天地　1900～1927年

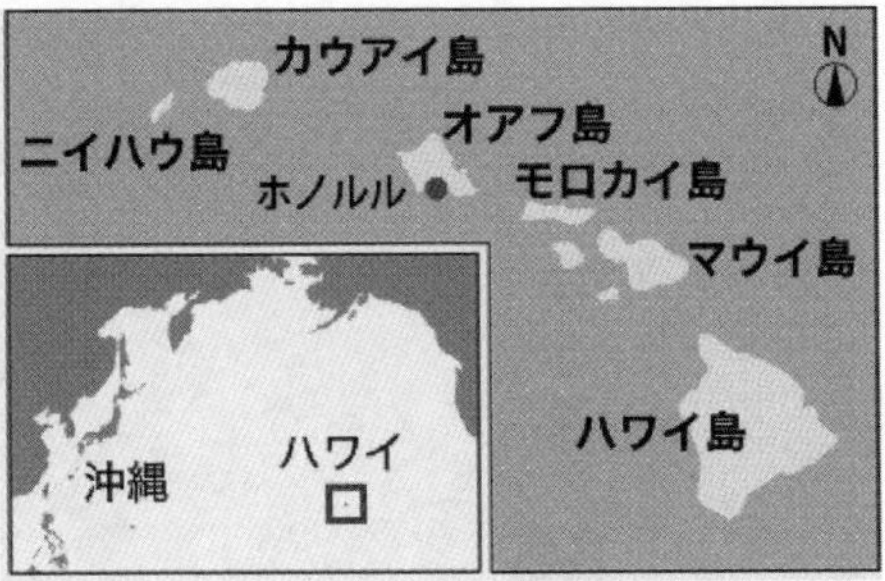


一九〇〇年、沖縄初の移民がハワイ・オアフ島に到着した。沖縄の海外移民が四六七〇人に達した〇六年、儀間昇らの祖父・真常は三一歳でハワイの地を踏み、儀間家の移民史が始まった。

祖父を含め、移民の多くが出稼ぎ目的の労働耕作者だった。最初の移民が沖縄に戻ると、移民熱に拍車を掛けた。引き揚げ者は沖縄で田畑を購入し、住宅を新築した。羨望の的になり、せきを切ったように移民希望者が増えていった。移民の大部分は農村部の出身で、経済的に困窮していた。沖縄本島南部の玉城村で暮らしていた昇の祖父もその一人だった。〇六年は南米への移民も開始され、玉城村は村人口の一割余となる一六六人を海外に送り出している。

祖父は最初の出稼ぎ移民から、一度帰沖。一二年、当時三八歳の祖母マカトと十五歳の長男真福を連れ、再びハワイに渡った。それから数年後、祖父母は沖縄に引き揚げた。

昇たちのおじにあたる真福はマウイ島に残り、サトウキビ耕地で働きながら夜は英語学校に通った後、カリフォルニア大学へ進学し、医師になると戦前のホノルルに戻った。

昇たちの父、真祐は先に移民した祖父母や兄を追い、一七年にハワイへ移民した。十六歳だった。五年後の二二年、父は二十歳の母ウシを呼び寄せた。のちに母は米国市民権を得た際、光子に改名した。母はウシという名が好きではなかった。

昇の両親はハワイの島々を移動しながら、サトウキビ耕地で働いた。二三年にハワイ島で長男の繁、二五年にオアフで次男の真栄、二七年にマウイで三男の昇が産声を上げた。四男以降の弟妹七人もマウイで生まれた。

沖縄からの移民一世は厳しい労働環境に加え、日本本土出身の移民から差別を受けることもあった。約十五年早く入植していた日系人は生活基盤をすでに固め、県系人は仕事上で冷遇された。沖縄語（ウチナーグチ）だけを話すことや風俗習慣の違い、身体的な見た目、沖縄特有の姓などから差別の対象になったほか、沖縄出身というだけで結婚を拒絶された事例もあった。沖縄で豚肉は一般的に食され、ハワイで養豚業を営む人もいた。その習慣がなかった日系人の中には「オキナワケンケン、ブタカウカウ」（沖縄人は豚食い）と侮蔑的な言葉を投げ掛ける者もいた。多くの困難が待ち受けていたが、それでも移民初期の県系人はたくましく生活基盤を築いていった。

母光子は豆腐作りの名人だった。マウイで豆腐を作り、販売することで家計に役立てた。原料の大豆は米国本土産を使った。午前は自宅で販売し、夕方になると子どもたちが売り歩いた。豆腐一丁が十セント、油揚げ二枚が五セントだった。真栄の脳裏には早朝から豆腐作りに励む母の姿が焼き付いている。大豆を湯がき、汁を取り、形を整えていた。母の豆腐は真栄の大好物だった。戦前、儀間家の食卓には沖縄の郷土料理、豆腐チャンプルーも並んだ。新天地は困難ばかりではない。家族だんらんの幸せな時間があった。

ただ、昇だけがその光景を覚えていない。一九三三年、まだ六歳だった昇は両親や兄弟と別れ、祖父母と暮らすためハワイから沖縄に一人だけ引き揚げたからだ。

## 二重国籍 沖縄へ 1933〜1941年

ちょうネクタイを結び、ジャケットを羽織った子どもの写真がある。目いっぱいのおめかし姿は、親から子へのはなむけだったのだろうか。写っているのはハワイ移民県系二世の儀間昇、当時六歳。旅券に使う写真として、八〇年余前にハワイで撮影されたとみられる。一人だけ家族の元を離れ、まだ見ぬ沖縄に行くことが決まっていた。その瞳は戦世の奔流を見詰めていく。

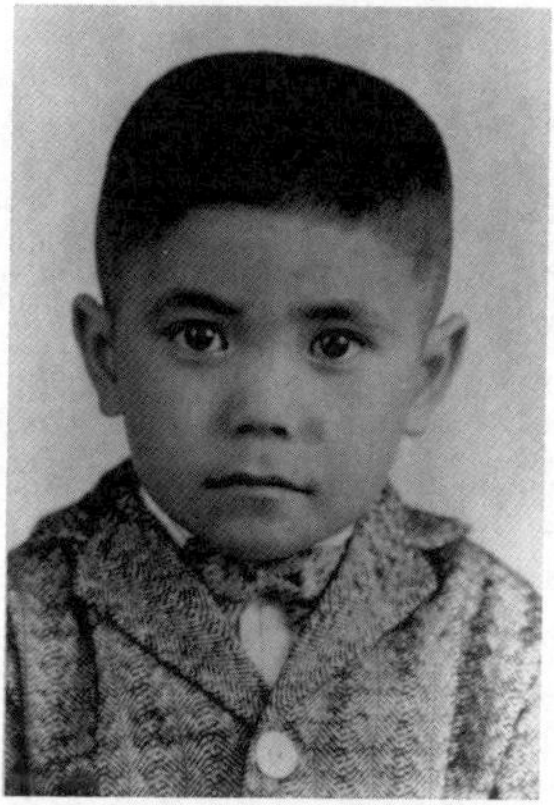
6歳のころの儀間昇。旅券用にハワイで撮影されたとみられる（本人提供）

一九三三年、ハワイのマウイ島。昇は両親や兄弟たちと移民労働者の宿営地で暮らしていた。夏の日、玉城村親慶原で暮らす祖父母から手紙が届いた。文字を書けない二人に代わり、親類が代筆した手紙には次のように記されていた。「孫を沖縄に戻してほしい」

父の真祐や、おじの真福もハワイに移民していた。おばが沖縄に残っていたが、すでに嫁いでいた。親慶原の儀間家を継ぐ家族が必要だった。晩飯時、両親が話を切り出した。

「将来、沖縄のおじいさん、おばあさんの世話を見なければならない。この中の誰かが行くことになる」

長男の繁は十歳、真栄は八歳。父は長男以外と考えていたようで、真栄に意思を確かめた。小学校へ通い、多くの友だちがいた真栄は「ノー、ノー（嫌だ、嫌だ）」と答えた。すると、間髪を入れず手を挙げた昇が無邪気に言った。「アイル、ゴー！（僕が行く）」

なぜ自ら名乗りを上げたのか。昇は幼き自分が下した決断の動機を思い出すことができない。後に母からあの日のことを詳しく聞かされ、まだ見ぬ沖縄への憧れが幼心にあったのかもしれないと自分を納得させた。両親は昇を祖父母の元に託すことを決めた。

十一月ごろ、昇と父の二人は親慶原を目指した。中継地を含め総距離八千キロの長い旅路だ。マウイ島からオアフ島に船で渡り、ホノルルで出国手続きを済ませた。数日滞在し、日本行きの船を待った。ホノルルから神戸への船旅は二週間。神戸でも沖縄行きの船を待つため数日足止めされた。現代なら飛行機を使えば約八時間で到着する距離だが、沖縄にたどり着いたのは出発から一カ月後だった。

祖父母が暮らす親慶原は農村地帯で二〇世帯ほどが暮らしていた。住民は長旅を終えた昇と父を総出で歓待した。それからさらに一カ月後、父は昇を残し、マウイ島へ戻った。

■登から昇へ

年が明けた一九三四年四月、昇は玉城尋常小学校に入学した。出稼ぎ移民などして財産を蓄えていた祖父母は比較的裕福な暮らしぶりだった。小学校の同級生のほとんどがはだしで過ごし、弁当といえば芋だった中、昇は靴を履き、弁当は白米だった。

新生活で最初に立ちはだかった壁は言葉だった。英会話のできない両親とは簡単な日本語で済ませていたとはいえ、マウイにおける日常会話のほとんどが英語だったと、昇は記憶している。ところが沖縄で生活すると、周囲はウチナーグチばかりで、言葉を理解できない昇は戸惑った。

学校生活を楽しめない昇は仮病で休んだことがあった。祖母もこの時ばかりは怒り、昇を自宅庭のヤギ小屋に連れて行って柱に縛り付けた。昇が泣いて反省するまで決して許さなかった。まともな教育を受けたことのない祖母は文字を読めなかった。学ぶことの大切さを、祖母はいつも昇に話していた。

沖縄では同世代のいとこたちに常に囲まれ、遊び相手に困らなかった。祖父母は時折厳しさを見せるものの、昇に愛情を注いだ。昇もハワイの家族を恋しがることはあまりなかったが、母光子の手紙を読んだ時は心が揺れた。「元気か、心配しているよ」。昇の近況を案じる内容ばかりだった。読むと、さすがに寂しい気持ちになり、涙もろい母の姿を思い出した。

一九三〇年代、日本で軍国主義が台頭した。三一年、日本は満州事変を契機に中国侵略政策を進め、三二年に満州国建国を承認した。昇が沖縄に引き揚げた三三年、国際連盟は満州国の取り消しを勧告したが、反発した日本は国連を脱退した。この年、ドイツではヒトラーの独裁政権が誕生していた。

三七年に日中戦争が勃発すると、日本軍は南京を占領した。軍国主義の足音を昇は覚えている。南京陥落を祝い、小学生の昇も日の丸の小旗を掲げて行進した。日本は資源を求め南方進出を図り、警戒する米国との緊張を高めていった。

日本とドイツ、イタリアが三国同盟を結んだ四〇年、昇は六年生になった。すでに言葉の問題を克服していた。成績は上位で、進学校の県立第二中学校に合格した。その入学手続きを進めていた矢先だ。予期せぬ事態に直面した。ハワイ生まれの昇は米国籍を持っていたが、日本国籍を有していないことが判明した。日本国民であることを証明できず、入学に待ったをかけられたのだ。「外国人」であることは、昇自身も知らなかったことだ。

日本国籍の取得手続きを進めるため、ハワイに至急連絡を入れた。ホノルルで開業医をしていた、おじの真福が奔走し、ハワイから出生証明書を携えて沖縄に飛んできた。昇の日本国籍を取得し、ようやく入学も認められた。こうして昇は二重国籍者になった。

この一連の騒動では思わぬ副産物が生じた。両親から命名された「のぼる」の本来の漢字表記は「登」だ。ところが、おじが書類を提出した際、誤って「昇」と書いて申請してしまった。それから「登」は「昇」になった。また、兄弟の中で日本国籍を持つのは三男の昇だけだ。玉城村の戸籍簿には「長男」と記された。

# 第2部

# 戦渦

米陸軍情報部語学学校（MISLS）の同級生と儀間真栄（後列左端）＝1944年ごろ（本人提供）

県立第二中学校時代の儀間昇（中央）＝『戦世を生きた二中生』より

# 太平洋戦争開戦

## 真珠湾攻撃　1941年12月7日

　空は晴れていた。一九四一年十二月七日朝、ハワイのオアフ島。真珠湾に面するエワ耕地には日差しが降り注ぎ、移民の子どもたちの歓声が飛び交っていた。大城義信（一三）はハワイ移民県系二世。友人らとフットボールで遊んでいた。のどかな光景は突如、異様な音に切り裂かれた。空を覆う一八三の機影。飛行機のエンジン音に続き、爆発音が鳴り響いた。火柱と黒煙が立ち上り、たちまち青空を塗り替えた。日本軍による真珠湾攻撃だ。

　火柱を見ても大城らは当初、何が起きたのか理解できなかった。「演習かな」。近くの銭湯から人が飛び出してきた。経営者のハンザワはハワイ生まれだが、日本の高校を卒業した帰米*二世だ。ハンザワが叫んだ。「あの印は日の丸だ。日本の戦闘機だ」

　戦争回避を模索する日米交渉は一九四一年四月からワシントンで続けられていたが、日本は同年七月、南方への進駐に踏み切った。米、英、オランダ三国は日本資産凍結、石油禁輸などの厳しい経済制裁で対抗した。日本は十二月一日に御前会議で開戦を決め、真珠湾攻撃から日米は開戦した。

午前七時五五分、真珠湾攻撃が始まった。日本軍の飛行編隊は高度三千メートルから急降下し、島北部から西回りで米軍施設を破壊した。空襲の第一波は約三十分間続き、オアフの上空を一度去った。午前九時ごろ、一六七機による第二波が、第一波とは逆の東回りで真珠湾を攻めた。真珠湾に構えるヒッカムとフォードの各飛行場のほか島中央部のホイラー、東部のカネオへ、南西部のバーバースポイントの飛行場なども次々と爆破された。真珠湾に停泊中の米艦船も狙い撃ちされた。

米軍は第二波に応戦した。その対空砲火による鉄の破片と日米両軍の流れ弾は民間地も襲い、死傷者が住民にも出た。米側全体の死者は二四〇〇人余。このうち民間は約五〇人とみられる。県系人の死傷者

**用語解説**

**帰米と帰日**　海外で暮らす移民1世には自身の子どもの日本語能力を高め、将来の就職などに役立てるために日本の教育や文化を学んでほしいと考える人もいた。そのため2世らを日本に留学させる動きが1932年ごろから顕著になった。来日後に米国へ戻った人は「帰米2世」と呼ばれた。儀間昇のようにハワイや米国本土から引き揚げた後、沖縄や日本を生活の拠点にした人は「帰日2世」、米国だけで生まれ育った人は「純2世」といわれた。

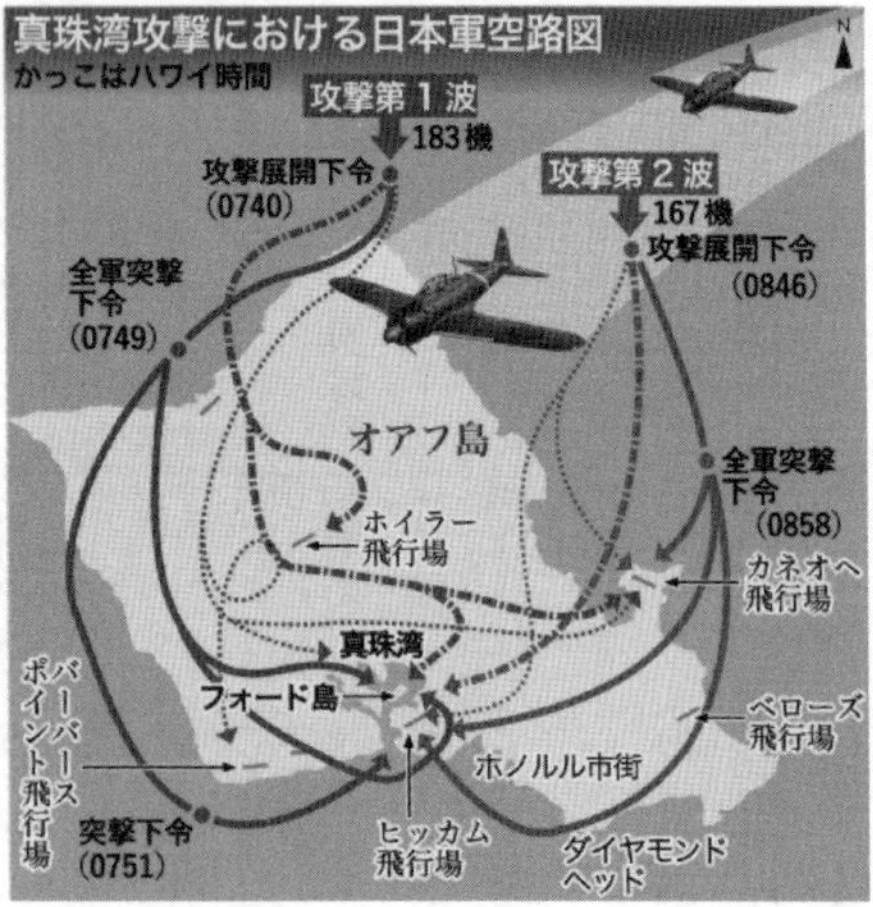


も十五人以上いたとみられる。

「家に隠れろ」。ハンザワの叫び声で攻撃と分かった大城は必死に逃げ、近所の本願寺から空襲を眺めた。自宅に戻ると、家の壁に大きな弾痕ができていた。

「戦争は嫌だ」。大城はそう感じたことを覚えている。ただ、米国に暮らす日系人、県系人がこれから味わう苦難を想像するには、まだ幼かった。

帰米二世の比嘉武二郎（一八）はオアフ島にあるキリスト教青年会（ＹＭＣＡ）の食堂でアルバイトの皿洗いをしていた。食堂から真珠湾までそう遠くはない。「ボン、ボン」という音が聞こえ、四、五発の爆弾も食堂付近に飛んできた。それでも、比嘉は本物の戦闘と思わなかった。「新聞に何も載っていなかっ

日本軍による真珠湾攻撃で爆破される米軍の駆逐艦シャウ＝1941年12月7日、米国ハワイのオアフ島（米海軍ホームページより）

たが。きょうの演習は派手だな」

白人の中年女性が慌てふためき食堂に入ってきた。基地に夫を送り届けた女性は興奮していた。「コ、コーヒーをちょうだい」。カップを持つ手は震え、中身の半分がこぼれた。「戦争よ。戦争が起きたのよ」

比嘉や食堂の同僚らは「冗談だろ」と女性の言葉を信じようとせず、狼狽する姿を笑った。比嘉は双眼鏡を使い黒煙を確認したが、やはり演習と思い込んだ。比嘉や大城義信たちだけではなかった。島民の多くが当初、演習と勘違いした。誰もが現実として受け止められなかったのかもしれない。ラジオの臨時放送を聞き、比嘉はようやく女性の言葉が正しいと理解し、慌てて地下室に隠れた。攻撃開始から二時間が経過していた。

オアフ生まれの比嘉は一九三九年まで、両親の出身地、中城村島袋で暮らしていた。二歳のころ、母やきょうだいと沖縄へ引き揚げた。皇民化教育の洗礼を浴び、軍事訓練に漬かる日々を沖縄で過ごした。

十六歳でオアフに舞い戻ったきっかけは、満蒙開拓青少年義勇軍の募集が始まったからだった。日中戦争で満州に送られるのが嫌だった。すでに父親はオアフ、母親は沖縄でそれぞれ他界していた。頼りの兄と姉はハワイで暮らしていた。戦争を避けるため、比嘉は沖縄から逃げるようにハワイに戻ったはずだった。「戦争から逃れたのに、まさかハワイが戦場になるとは。こんなばかげた話があるのか」。比嘉は黒煙をぼうぜんと見詰めた。

真珠湾から海を隔て、約一六〇キロ離れたマウイ島。ワイカプに暮らす県系二世の儀間真栄（一六）はラジオを聞いていた。ボードウィン高校の学生で、その日はアメリカンフットボールの学校対抗試合の応援のため、バンド演奏をする予定だった。

楽器を校舎からバスに運んでいると突然、ラジオ放送の内容が切り替わり、こう告げた。

「国籍不明の飛行機が真珠湾軍港を攻撃中だ。将兵はすぐに各任務に就け。これは演習ではない、これは演習ではない」

急ぎ自宅に引き返した真栄は混乱していた。「日本は、両親が生まれた国だ。子や孫が大勢暮らす米国を、なぜ日本は襲ったのか。全く理解できない」

真珠湾攻撃を境に日系人、県系人は「敵性国人」と見なされた。日系社会への逆風は急激に強まった。日米開戦を想定していた米側は、日本軍に協力するスパイ活動などを警戒して、開戦直後に日系人を拘束する計画を立てていた。

真珠湾攻撃の当日、戒厳令がハワイに敷かれた。午前十一時すぎには米国連邦捜査局（FBI）や米陸軍対敵諜報隊（CIC）、地元警察がただちに動き出した。攻撃の三日前に完成した名簿に基づき、日系の主要人物らを次々に連行した。その数は当日だけで二〇〇人に上ったという。真珠湾攻撃から半年後、真栄のおじ、真福も連行された。戦世の渦は多くの人々をのみ込んでいった。

# 逆風　強制収容　1941～1943年

■サンドアイランド

沖縄移民二世の金城秀夫（二〇）は緊張した表情で建物の一室に座っていた。一九四二年夏、ホノルル市の米国移民局。懸命に働き、自ら稼いだ金で遊ぶ。金城はそんな日常を楽しむ、普通の青年だった。それが今、見張りの米兵に銃口を向けられていた。

半年前の真珠湾攻撃を境に米国本土、ハワイの日系社会は逆風にさらされた。日系人、県系人は敵性国人とみなされ、次々と拘束されていった。

金城はレストランで働いていたが、レストランは灯火制限のため夜間の営業ができなくなった。そのため急ピッチで建設が進む軍施設の資材置き場に転職した時期だった。ホノルル市の自宅に封書が届いた。送り主は米国連邦捜査局（ＦＢＩ）。金城と一歳上の兄、賢一に対する出頭命令だった。

兄弟は沖縄で皇民化教育を受けた帰米二世。金城は二一年十月、ハワイ島で生まれた。

物心つく前、両親の離婚を機に母の故郷、沖縄本島南部の兼城村へ母子三人で引き揚げた。三八年になると満蒙開拓青少年義勇軍の募集が始まり、満州の戦場に送られる可能性が出てきた。ハワイにいる父に連れ戻され、三八年二月以降はオアフ島で生活していた。

ＦＢＩに出頭した初日、捜査官は沖縄での暮らしぶりを尋問した。兄は尋常小学校を卒業すると親類の医院で働いたが、金城は高等小学校まで進学した。軍事教練を受けたかという質問に金城は「鉄砲を持って行進した」と正直に答えた。数日後、金城だけが再び呼び出された。金城が皇民化教育に洗脳され、米軍施設で働いていたことを米は警戒していたのだろうか。金城にはそう思えた。

ＦＢＩはそのまま金城を拘束して移民局に連行すると、ホノルル港対岸の小島、サンドアイランドの収容所に送った。

ハワイでの日系人拘束は同伴の家族を含め一四〇〇人余に上った。サンドアイランドやホノウリウリの収容所に移送された。サンドアイランドの収容所を取り囲む柵には電気が流れ、島自体が監獄と化した。

金城はサンドアイランドから対岸の街並みを見詰めた。自宅までの数百メートルの距離が、とても長く感じた。「これから一生懸命働いて生活しようと思っていただけだ。なぜこんな目に遭うんだ」

時間だけがあった。収容所の人々は野球や囲碁をしたり、貝殻で装飾品のレイを作ったりした。

しばらくして、ハワイで収容された約半数が米国本土に移送されることが決まった。移民局で金城もユタ州行きの承諾を求められた。米国政府は転住（リロケーション）と表現したが、現住所からの日系人立ち退きを求め、指定区域に集めた実態は強制収容だった。

移民局からは「(収容所を) 取り囲むフェンスはない。今よりも自由になるはずだ」と告げられた。その言葉を信じた金城は受け入れた。

約三週間後、約四七〇〇キロ離れたユタ州トパーズ収容所に着いた。「だまされた」。一帯は見渡す限りの荒野。収容所の周りには鉄条網が張られていた。

■ノーノーボーイ

一九四三年初旬、トパーズ収容所では日系人の反発が渦巻いていた。その矛先は米国が配布した文書だ。金城を含め多くの日系人は怒り、また、戸惑っていた。

米国は財政的な事情もあり、日系人をいつまでも収容できるものではないと考えていた。そのため安全と判断した日系人を出所させ、さらに兵力不足も補うため「出所許可申請書(忠誠登録)」を実施した。その記入をめぐり、登録に関する二つの質問が波紋を呼んだ。

「米兵としていかなる任務にも就くか」(質問二七)

「米国に無条件の忠誠を誓い、日本の天皇や他国への服従を拒否するか」(質問二八)

回答は「イエス」「ノー」の二択だけだ。日本国籍のみを持つ移民一世は、「イエス」と答えて米国に忠誠を誓った場合、日本国籍を失い無国籍になると考えた。一方、「ノー」と答えた場合は収容所生活がこれからも続くと考え、二択の答えに窮した。

そもそも米国内で激しい差別を受け、強制連行された人々は不満をあらわにした。こんな理不尽な仕打ちを受け、米国に忠誠を誓えるはずがない。二つともノーを選択し、忠誠を示さなかった人は「ノーノーボーイ」と呼ばれた。

米国は各収容所の「ノーノーボーイ」を危険視し、カリフォルニア州のツール・レイク収容所の一カ所に集めた。その数は約一万八千人に上り、ほかの日系人からも隔離した。一方、そのほかの日系人もなるべく大人数にならないように米国内に分散された。

忠誠登録を前に、金城はホノルルでの体験を思い出していた。サンドアイランド収容所では毎朝、広場に日系人を集め、国歌を流すと同時に星条旗を掲揚した。金城もその旗を毎日見詰めた。そして収容所から移民局に呼び出された日、担当者を問いただした。「私は米国市民だ。このような目になぜ合わせるのか」。担当者の回答は冷淡だった。「おまえは二重国籍、だから(米国市民の)半分だ」。自由の国と言われた米国が、奪い続けた自由。金城は忠誠登録に「ノー、ノー」と回答した。

## 二世部隊　志願と召集　1941～1944年

一九四三年初旬、オアフ島。兄と弟がにらみ合っていた。比嘉武二郎(一九)は、三歳上の兄ウォーレン武光に食ってかかった。「なぜだ。どうして俺が米軍に志願しなければいけないんだ」。兄が声を荒らげた。「俺たちは米国人だ。兵役は務めだ」

真珠湾攻撃後、米軍に志願する動きが日系移民二世の間で高まった。日系人に向けられた敵意の目を、信頼のまなざしに変えるためだった。二世らでつくる日系米国市民協会(JACL)は四二年、日系人への差別をなくし、社会的名誉を高めるために「徴兵される権利」を求めて運動を展開した。米軍は四三年一月に志願兵による日系二世戦闘部隊の編成を発表、二月に二世部隊の第四四二連隊戦闘団が始動していた。

米軍への志願を執拗《しつよう》に求める武光に対し、比嘉が言い返した。「戦争から逃れるためハワイに戻った。私は軍隊が嫌いなんだ」。沖縄で十四年間過ごした比嘉は十六歳でオアフに戻った。日中戦争に動員されることを恐れたためだ。ハワイに戻った後も抱き続けた兵役拒否の思いが、時代の波にかき消されていくと比嘉は感じていた。

当初、ハワイにおける日系人志願兵の募集枠は一五〇〇人だった。これに対し志願者は約九千人に上り、ハワイ日系社会の米国への忠誠心は熱気を帯びていた。

対照的に、米国本土では募集人員に達していなかった。本土では日系人の大半が強制収容所に送られ、米国政府への不信が強まっていた事情もあった。その本土の穴を埋めるように、ハワイの定員枠は約二六〇〇人に拡大された。

ハワイの日系人は真珠湾攻撃を目の当たりにした。日本軍がいつ何時、再びハワイを襲うかもしれない。戒厳令は依然として続き、生活に暗い影を落としていた。ハワイの家族、生活を守りたい。そんな思いで志願する人々もいた。米軍に続々と忠誠を誓う日系人、沖縄県系人を見詰め、比嘉の心は実際揺れていた。

沖縄では高等小学校まで進み、皇民化教育にどっぷりと漬かった。その事実はきっと米国当局も知っているはずだ。志願しなければ敵性国人として警戒され、収容所に送られるのではないか。もう、沖縄にも戻れない。比嘉はやり場のない感情を抱えたまま、とうとう兄と共に四四二連隊に志願した。

息苦しい。マウイ島の高校に通う沖縄移民二世の儀間真栄は、米国社会が押し付ける「米化」にうんざりしていた。移民一世が味わったような人種差別について、二世が直面する機会は減っていた。少なくとも真栄はそう感じ、日系人以外の同級生らと共に高校生活を楽しんでいたが、状況は真珠湾攻撃で一変した。米国は日系人を「敵性国人」と警戒する半面、同化政策を進めた。真栄の通うボードウィン高校や街中といった、いたるところにスローガン「スピーク・アメリカン！、シンク・アメリカン！（英語を話し、米国のことを考えよ）」があふれていた。

校内でも日本語の使用は禁止だった。米国への忠誠と愛国心を強いられた。戦時国債も買わされた。「イート・アメリカン！（アメリカのものを食べよ）」。教師がそう言った時、さすがに真栄はあきれ顔で言い返した。「ばからしい。何を食べてもいいじゃないか」日本に通じている「スパイ」と疑われないため、真栄を含めハワイの日系人は、次第に日々の言動や振る舞いに注意を払うようになっていった。

同郷の出身者同士で構成するハワイの郷友会組織は、次々と解散していた。日系人同士で集まることで、疑いの目が向けられることを避けるためだった。このうち沖縄県人関係の郷友会は四二年七月までに、小禄や玉城、金武など少なくとも十五団体が解散した。

一方、士気高揚や奉仕をうたう団体が次々と結成された。「日系人の命運は君たちにかかっている」と二世に向けて呼び掛け、米兵への志願熱をあおるキャンペーンが展開された。日系人商工会議所は事業所の雇用主に「二世が志願したいなら暇を与えよ」などとうたった。やがて二世の高校生たちも相次いで志願する。ホノルル市内では高校の卒業式が繰り上げられ、軍服姿の卒業生の姿も見られるようにもなった。

四三年、マウイのボードウィン高校でも日系人、県系人の教師や生徒約三〇人が名乗りを上げた。十七歳の真栄も、その一人だった。ただ、志願には親の同意が必要だった。真栄は両親に告げた。「米国に忠義を示す必要がある。私はアメリカ生まれで、アメリカ人だ。どうか志願することを認めてほしい」。両親は真栄を見詰めた後、覚悟を決めたように同意書にサインした。真栄によると、この年、ボードウィン高校の卒業式は開かれなかったという。入隊者の訓練時期と重なったためだった。

本土に比べ志願者が多かったハワイ。真栄のように志願者がいた一方、比嘉武二郎のように「敵性国人」とみなされることを恐れ、気持ちを押し殺したまま、戦世の渦に押し流された二世もいた。しばらくして、志願者向けの身体検査を終えた二世に採用の可否が伝えられた。真栄、比嘉に届けられた結果は「不合格」。真栄は視力が弱く、比嘉は英語をうまく話せないのが理由だった。

望んだ結果。しかし心は晴れなかった。四三年、日系人を対象に始まった米軍への志願兵募集。比嘉武二郎は、米当局から「スパイ視」されることを恐れ、兄のウォーレン武光と共に名乗りを上げた。ハワイ暮らしが長い武光の入隊は決まった一方、沖縄が長い比嘉は英語をうまく話せないため、不合格と判断されたのだった。「戦争に行きたくない」。そう願っていた比嘉にとって不合格は望んだ結果であり、安堵《あんど》した。半面、「やはり疑われているのか」と不安にも駆られた。

武光が入隊のため自宅を後にした。その姿を見送りながら、比嘉は憂慮の念を振り払うことのできない自身を顧みた。そうした中、国防省から一通の封書が比嘉の元に届いた。書類にはこう記されていた。「日本語通訳兵を募集している。国のために忠誠を尽くす気はあるか」

米陸軍情報部（MIS）*は四二年春、ミネソタ州のキャンプ・サベージに軍情報部語学学校（ＭＩＳＬＳ）を正式に設立した。日系二世らの日本語能力の高さに注目し、情報戦に利用する計画が立ち上がった。日本語を扱えるＭＩＳ兵士の存在は極秘扱いだった。

通知を読み、比嘉は激しく動揺した。通訳兵になることは、日本軍を窮地に追い込む行為に加担することを意味していた。もしかしたら沖縄の同級生や親類の命を危険にさらすかもしれない。「そんなことが、あってたまるか」。志願しないと返事を書いた。

しかし、二週間後に封書が再び届いた。日時と場所を指定した召喚状だった。指定されたワイキキのビルに行くと、連邦捜査局（ＦＢＩ）と米軍将校らしき人物らが待ち構えていた。いくつか質

## 用語解説

**MIS**　Military Intelligence Serviceの略、米陸軍情報部。MISの日系兵が初めて戦場に送られたのは、1942年６月以降のアリューシャン列島とガダルカナル島からだった。以後、日本が占領していたサイパンやテニアン、中国や東南アジアなどにも派兵された。米軍は各戦場で入手した日本軍の機密文書などを解明し、情報戦で優位に立った。MISがサンフランシスコに極秘の日本語学校を開設したのは41年11月１日で、真珠湾攻撃の約１カ月前。その後、真珠湾攻撃を機に飛躍的に拡大した。太平洋戦争中、同じ日系部隊で欧州戦線に派兵された第442連隊戦闘団、第100歩兵大隊の戦績は「表舞台」で広く宣伝された。一方、機密情報を扱うMISの兵士は存在自体が秘匿される「裏方」であり、太平洋戦域の戦闘に参加したことだけがわずかに伝えられた。米軍は1971年までMIS兵士の詳細を明らかにしていなかった。2006年に開催された「第４回世界のウチナーンチュ大会」実行委員会の調査によると、沖縄戦に動員された日系２世の元米軍通訳兵・語学兵は少なくとも322人だった。調査時点で所在が確認された118人のうち、少なくとも県系は16人以上いた。

問された後、日本語の文書を英訳するよう指示された。比嘉はその場で文書を英語で読み上げた。向かいの二人は顔を見合わせてうなずいた。

比嘉に白羽の矢が立ったのは、兄・武光が「弟は長く沖縄に住んでいた。日本語能力が抜群に高い」と強く推薦していたからだ。三週間後、採用を知らせる通知が比嘉に届いた。

■MIS

一九四四年春、ハワイから米国本土に向け、二つの引き波が太平洋上に延びていた。日本軍の潜水艦を警戒するため、米海軍護衛艦が前を進み、その後ろに「荒波」という意味の名の汽船「ダッシングウエーブ号」が続いた。汽船には日系兵たちが乗船し、儀間真栄（一九）の姿もあった。最終目的地は六千キロ以上離れた米内陸部、ミネソタ州にあるキャンプ・サベージのMISLSだ。

およそ一年前、真栄は米兵に志願したものの身体検査で弱視と判断され、不合格になっていた。同じく志願した高校の恩師や同級生は、日系二世部隊の第四四二連隊戦闘団の所属兵として、すでに米国本土で訓練に参加していた。後に第四四二連隊は欧州戦線に派兵され、一方の真栄はハワイ大学に進学していたのだった。

四四年、米軍は新たな募集を始めた。第四四二連隊のような戦闘兵と異なり、通訳や翻訳などを任務とするＭＩＳ兵士の編成を急いでいた。真栄は大学の休学を決め、再び応募した。今度は入隊が許可された。

真栄はハワイで生まれ、ハワイで育った「純二世」だ。比嘉のような「帰米二世」と違い、皇民化教育の洗礼を浴びたわけでもない。親しみを持つのは日の丸よりも星条旗だった。真栄を含め、日本や沖縄で生活したことのない純二世の多くは一世や帰米二世と比べ日本と戦うことに、ためらいは少なく、積極的に米国へ忠誠を誓った。

この年、訓練兵の数は一時、一一〇〇人に膨れ上がった。ＭＩＳＬＳには、意に反して呼び出された比嘉、忠誠を示した真栄のように、さまざまな思いを抱いていた二世らが集められていた。二世らは日本軍独特の軍隊用語を覚え、尋問や通訳、翻訳などの方法を訓練した。

マウイでは両親と日本語で会話していたとはいえ、真栄にとって母国語は英語だった。訓練では帰米二世の日本語能力の高さを目の当たりにし、いち早く追い付こうと日本語や日本文化を学んだ。真栄の語学訓練は約九カ月に及んだ。さらに歩兵の基礎訓練に二カ月臨んだ後、しばらく待機が続いた。

フィリピンのレイテ戦に参戦した比嘉武二郎（後列右端）。ほかは米軍第10軍第96歩兵師団314情報班の仲間＝1944年ごろ（本人提供）

比嘉は真栄よりもひと足早く、四三年にMISLS入りしていた。ミシシッピ州キャンプ・シェルビーで訓練していた第四四二連隊戦闘団からも、日本語能力の高い兵士がMISLSに送られて、その中には兄武光も含まれていた。兄弟はサベージで再会した。

MISLSには日本語を得意とし、英語を苦手とする帰米二世もいた。十四年間を沖縄で暮らした比嘉もその一人だ。比嘉は沖縄からオアフに戻った直後、英語を全く話せなかった。入隊するまでには英会話で意思を交わせるようになっていたが、専門的な軍事用語を扱うとなれば別次元だった。日本語能力に磨きをかけるため数百人の二世が語学訓練に励む一方、比嘉は逆に英語辞書を見詰める日々だった。この時点で「戦争に行きたくない」という思いは、もはや諦めに変わっていた。

就寝時間を迎えると、比嘉は宿舎を抜け出して別棟のトイレにこもった。トイレの明かりを利用し、英語辞書を読み込むことを日課にした。寝る間も惜しんで英語力を身に付けた。それから歩兵の基礎訓練を終え、比嘉も待機を続けた。

四四年、米軍は南洋群島の本格的な攻略作戦を開始する。日本軍が設定したマリアナ諸島―カロリン諸島―西ニューギニアの防衛線「絶対国防圏」を崩し、沖縄上陸作戦への足掛かりにするためだった。

沖縄は米軍の攻撃目標になった。そして比嘉には、ある指令が言い渡された。比嘉は、その日から毎日沖縄の夢を見て、うなされるようになるのだった。

## 校舎の軍靴 「戦勝」に沸く　1941年

真和志村字二中前の県立第二中学校は二学期中間試験の最中だった。廊下を小走りで進む人影が掲示板の前で立ち止まった。校長の山城篤男だ。興奮した口調で山城が叫んだ。「とうとう、やった、やった」。試験を終え、廊下に出てきた生徒と教師は山城の様子にけげんな表情を浮かべ、掲示板をのぞき込んだ。張り紙には癖のある山城の文字で、こう記されていた。「本日未明、帝国陸海軍は米英軍と戦闘状態に入れり」。一九四一年十二月八日（日本時間）、真珠湾攻撃による日米開戦の知らせだった。

ハワイ生まれの移民二世、儀間昇（一三）は約八カ月前、三二期生として二中に入学した。沖縄の実家を継ぐため、マウイ島で暮らす両親や兄の真栄らの元を単身離れてから八年になっていた。玉城村の祖父母宅から那覇市の下宿先に移り、そこから通学した。農村で育った昇を含め、県内各地から集まった学生らにとって那覇は唯一無二の大都会であり、休日は街中に繰り出した。

昇が新生活に胸をときめかせていた頃、日米間の緊張は頂点に達しようとしていた。三七年に勃発した日中戦争の長期化、日本の南方進出、対日経済封鎖と続き、日米開戦は現実味を帯びていった。日中戦争以降には経済統制も実施され、日常生活への影響も表れていた。その一つとして、輸出以外の国内製品に対する綿の使用制限があった。昇らの入学時、すでに学生服と制帽は化学繊維を用いたカーキ色の国民服姿に変わっていた。以前の学生服は夏が白、冬が黒の「海軍式」、制帽は「二中」を示す二本の白線を巻いた黒色で、これらは受験生らの羨望の的だった。味気ない学生服に新入生二〇〇人は落胆した。

昇は入学後しばらく下宿先を転々とした後、最終的に那覇市上泉町に落ち着いた。週末には親慶原に戻ることもあった。時折、イモなどの食糧を土産として那覇に持ち帰ると、寮母らに喜ばれた。

一年生の秋まで学内の雰囲気は比較的に穏やかで、生徒らは勉学とスポーツに打ち込むことができた。昇は玉城尋常小学校から続けるバスケットボール部に所属した。

一九二五年、陸軍現役将校学校配属令が公布されると、日本政府は旧制中学以上の学校に将校を配属し、教練教授要目を制定した。男子学生は基本的な軍人訓練の履修を義務付けられるようになり、県内各地の校舎には軍靴が鳴り響いた。

昇が二中の門をくぐった四一年、小学校は「国民学校」に改称された。児童生徒を皇国臣民として錬成するため、政府は精神統制、軍事教育を一層押し進め、忠君愛国の教えを刷り込んでいった。

昇はハワイで出生し、その後は沖縄に住み続けた「帰日二世」。六歳で沖縄に戻ると、皇民化教育の洗礼を受け成長してきた。忠君愛国をうたう「教育勅語」を暗唱し、沿道で日の丸を振ってきた。ハワイだけで育った「純二世」の兄たちとは逆に、星条旗に親しみもない。米国市民権を持っていたが、米国人という自覚はみじんもなかった。「日本は神の国だ」。そう信じ切っていた。

中学における「教練」の授業では、歩兵としての教育が主だった。軍人勅諭や歩兵操典などを暗記する学科、銃を持ち隊列行進などをする術科があった。

「おまえらの足の下には蒋介石とルーズベルト、チャーチルたちがいる。強く踏むように歩調を取れ」。行進訓練の際、教官たちはそう言って生徒らをあおり立てたという。

昇の元には小学校時代から三～六カ月に一度、母光子の手紙がハワイから届いていた。「体調はどう」。家族から一人だけ遠く離れた沖縄で暮らす息子をいつも気遣う内容だった。沖縄に移ってから、昇はマウイの家族に一度も会っていない。昇は返事を書いた。「日本が米国に負けることはない。だから沖縄に帰ってきた方がいい」

真珠湾攻撃から数日後の十二月中旬、那覇市内で「米英撃滅　戦勝祝賀提灯行列」が実施された。官公庁や商工会、警防団、青年団、国防婦人会など幅広く動員され、日本軍の「戦勝」を市民総出で祝った。二中の一部生徒も動員されていたが、昇は学校からの動員の割り当てがなく、提灯行列には参加しなかった。

昇は「戦勝」に沸く周囲をよそに、悲しみに沈んでいた。予想していた日米開戦がいざ現実になると、引き裂かれることになった儀間家の状況を憂い、動揺した。真珠湾を抱えるオアフ島と、昇の家族が暮らすマウイ島は一〇〇キロ以上離れていたとはいえ、やはり気掛かりだった。家族の安否を確認したい。何よりも今後の戦況が気になった。

昇は名を忘れたが、帰日二世の二中生は昇以外にもいた。一九三〇年時点でハワイ在住の県出身者は約一万三千人、米本土は約千人に上った。昇のように沖縄で暮らし、ハワイに移民した肉親を持つ人々は不安に襲われながらも、その多くは感情を押し殺していたのだろう。表立って口にしようものならば「非国民」扱いされることは目に見えていたからだ。最悪の場合、特別高等警察に要注意人物として目を付けられる時代だった。提灯を持つ人々にはさまざまな思いがあったに違いない。

年が明けても、県内各地の大政翼賛会支部や在郷軍人会などが中心となり、戦争必勝祈願の大会が沖縄本島や先島で続々と開催されていった。昇らの学園生活も戦時色にますます染まった。母からの手紙はいつしか途絶えていた。

## 軍神「名誉の死」 1943〜1944年

真珠湾攻撃を遂げた日本は開戦当初こそ「戦勝」に沸いたが、時間の経過とともに劣勢になった。「鬼畜米英」の標語の下、英語は敵性語と扱われ、日常生活で使用を禁止された。昇が所属したバスケットボール部も籠《ろう》球部と言い換えられた。昇が三年生になった一九四三年春、英語の授業も原則廃止された。生徒は空き時間に農作業に従事し、花壇や校庭周辺は畑に変わった。長引く戦争で食料が不足していたため芋などを栽培した。いつしか部活動も禁止になった。

昇によると、ある日、校長の山城篤男が生徒たちを一人ずつ校長室に呼び出した。いずれの生徒も次男以下だ。長男は家を継ぐ責務があるという考え方が支配的な時代。校長は選別した生徒たちに対し、予科練への志願を直々に勧めていた。半ば強制的な志願ともいえたが、自発的な志願者も多かったという。

昇は三男だが、呼び出しを免れていた。沖縄で暮らす祖父母の家を継ぐため、米国ハワイのマウイ島で暮らす両親や兄弟の下から単身引き揚げた。日本国籍を取得した際、昇は長男として戸籍に記載されたため、志願を勧められることはなかったのだ。

四三年秋、二中講堂には三年生以上が集められていた。「国家は君たち若い少年たちを必要としてい

**用語解説**

**軍神運動**　1943年10月、ガダルカナル島で戦死した大舛松市中隊長（死後に大尉昇格）の「武勲」は、戦意高揚に利用された。教育関係者や新聞が旗振り役の要となり、「軍神大舛」運動をけん引した。43年10月８日付の朝日新聞、毎日新聞、読売新聞に「感状上聞に達す　大舛中尉」という記事が掲載された時から、「軍神大舛」の運動が始まった。沖縄新報も43年12月から「大舛大尉伝」を136回にわたり連載した。県教学課は県下各学校で顕彰運動を１週間、展開することを決めた。11月８日には「大舛大尉偉勲県民大会」が那覇市で開催され、官公庁や住民組織、学生など１万人余が参加。その後も各学校は顕彰運動を独自に開催し、米軍が沖縄に上陸した45年に入っても続いた。労働力や物資、資金の提供も徹底させるため、標語「軍神大舛に続け」は多くの場で利用された。松市は言葉数は少なかったが、戦地に行った後も手紙を送り続け、両親や姉弟らを気遣う家族思いの青年だった。享年25歳だった。

る。* 軍神、大舛中隊長に続け」。教官らは檄を飛ばし、海軍飛行予科練習生（予科練）への志願を呼び掛けた。報道統制下で日本の快進撃のみが伝えられる中、「愛国心」をくすぐられた生徒たちは志願し、それぞれの死地に赴くことになった。皇民化教育で忠君愛国の精神をたたき込まれていた少年たちの間に、志願熱は広がった。昇は呼び出される学友たちの背中を見詰めた。

学徒出陣予備学生と共に三年生が二人、四年生五人が予科練に行くため二中を去った。これを皮切りに、陸軍特別幹部候補生（特幹）なども含めた志願者が続いた。生徒が一人、また一人と校舎から消えていった。

一九四三年十月、首里市の県立第一中学校。二中と双璧をなす進学校の職員室はこの日、異様な雰囲気に包まれていた。一年生の大舛重盛（一三）が職員室に入ると、大勢の視線が一斉に注がれた。事態をのみ込めない重盛に対し、新聞記者が質問した。「大舛松市中隊長がガダルカナルで玉砕し、上聞に達した。この名誉をどう思うか」。突然告げられた兄松市の訃報。求められた発言は喜びの声だった。

大舛は三〇年、与那国島で生まれた。四三年、進学を機に二歳上の姉清子と共に沖縄本島に渡った。清子は沖縄師範学校女子部に入学した。

十三歳上の松市は三七年、一中を経て陸軍士官学校に進んだ。八重山地方から初の合格者で、四〇年に士官見習として与那国に立ち寄った際、島民は総出で歓迎した。軍服姿の松市は大舛の目にもまぶしく映り、憧れだった。

家族団らんの場で大舛の進学に話題が及んだ際、母ナサマは「軍人は松市一人でいい。大舛はお父さんと畑をさせよう」と語った。次男の重公は養子縁組でパラオに渡っていた。母は三男の重盛を手元に置き、戦禍から守りたいと考えたかもしれない。

ところが、松市は母の言葉を一蹴した。「ダマリンナヨ（迷わされるな）。私について来るんだ」。そう語り大舛に進学を勧めた。

唐突にもたらされた松市の訃報は、沖縄初の武勲功労「個人感状」が与えられたという知らせでもあった。松市の武勲は天皇に伝えられたとして、翌日の新聞は大々的に報じた。「兄の遺志を受け継いで私も将校になってみせます」という大舛の発言も掲載された。関連記事は新聞に連日掲載され、「軍神大舛に続け」という戦意高揚運動は全県下で展

大舛中尉「武勲を讃ふ會」で最後列右から2人目が大舛重盛、前列左から3人目が姉清子＝1944年、現在の那覇市内（「わが父母の贈りもの　大舛家百年」より）

開された。軍服姿の松市の写真が全学生に配布されたり、松市を題材にした歌や演劇も制作されたりした。

県は四四年七月、与那国から家族も呼び寄せて県葬「大舛慰霊祭」を那覇市で盛大に開いた。沖縄本島で暮らす大舛や清子は会合に招かれるたび、軍神の家族としてもてはやされた。

「兄は名誉ある死を遂げた。誉れだ」。大舛らの心は誇らしさに満ち、悲しみは消え去っていた。戦世は愛する家族を悼む時間さえも無情に押し流した。

四三年夏、日本軍は沖縄を日本本土の防波堤にするため、飛行場などの軍事施設の建設を各地で急速に進めた。民家や耕作地を強制収用し、小学生や妊婦も含めた「総動員体制」で県民を建設作業に駆り出し、島全体の要塞化を進めていた。

三年生の昇らは勤労奉仕と称し、すでに学舎よりも校外の作業現場で過ごす時間が多くなった。道路や溝の整備から弾薬の移動、出征兵士の家族の下を訪れて農作業も手伝った。

「軍神大舛に続け」の号令は徴用の場面でも響き渡った。

那覇から約二五キロ離れた読谷山村の北飛行場に徒歩で向かい、数週間泊まり込みながら作業に当たった。食事はシャム米（タイ米）と具材のない塩気の強いみそ汁といった具合で、食べ盛りの生徒たちは空腹とも闘った。

那覇港や、港に近いガジャンビラ高台の高射砲陣地の構築などにも動員された。畚《もっこ》に土を入れて運び、その重みが日に焼けた肌に食い込んだ。

那覇港では多数の朝鮮人軍属も動員されていた。日本兵が罵詈《ばり》雑言を浴びせ、時には棒や軍刀で殴り付けながら酷使した場面を、昇の同級生、大浜方栄が目撃していた。「人間のすることではない」。涙を抑えきれなかった大浜は物陰に身を隠し、一人泣いた。

一日の作業が終わった。ガジャンビラ高台からは那覇港、その先に慶良間諸島を一望できた。夕日が要塞化した島を赤く照らし、幻想的な光景を生み出していた。昇ら二中生はその美しさに息をのみ、時が止まったかのように見とれていた。

四四年三月、米軍の上陸が避けられないとみた大本営は、第三二軍を沖縄に配備していった。そして、四年に進級した三二期生の数は入学時の約半数になっていた。

## 十・十空襲　火の海　1944年10月10日

空は青く澄み渡り、秋涼を感じる朝だった。四年生になっていた儀間昇は眠りの中にいた。時計の針は午前六時四〇分を回った。通常ならば登校準備に追われる時間帯だが、陣地壕の構築に駆り出されることが日課となり、授業はほとんど実施されていなかった。「うるさいなぁ、演習か」。エンジン音と発砲音、そして警報音が昇を現実世界に引き戻した。

一九四四年十月十日、米軍による無差別攻撃、いわゆる「十・十空襲」[*]だった。

第三二軍司令部や那覇港など軍事拠点を抱える那覇市の空は瞬く間に黒煙に染められた。飛び起きた昇は上泉町の下宿屋を飛び出すと石垣に上り、那覇港方面を見詰めた。

「大掛かりな演習だな」。同じ光景を見ていた多くの住民はそれでも日本軍の演習だと思い込んだ。

十・十空襲からさかのぼること約三カ月前、米軍は日本軍が占領していた南洋群島を制圧し、大本営が設定した「絶対国防圏」はもろくも崩壊していた。県出身者約六千人を含む在留邦人約八千～一万人が死亡したサイパン戦は沖縄にも伝わり、住民らは「次の標的は沖縄か」とささやき合っていた。九月末、米軍機が沖縄上空で飛行しているのも確認されていた。

昇が下宿に戻ると、ラジオが敵襲と伝えていた。昇はこの時初めて演習ではないことを理解した寮母の新里が「チャースガヤー（どうしたらいいんだ）」と慌てふためいた。

昇は貴重品や教科書、ハワイの家族が送った手紙や写真を抱えると、下宿の裏庭に掘った壕に隠した。

**用語解説**

**十・十空襲**　南洋群島を占拠した米軍は1944年10月10日、沖縄本島を中心に奄美大島以南の南西諸島の主要な島々に大規模な波状攻撃を加えた。沖縄の住民が初めて体験した本格的な空襲だった。約２週間後のフィリピン・レイテ上陸作戦を援護するとともに、沖縄上陸作戦の前哨戦になった。米軍は45年３月１日までに琉球列島内で島を一つ、あるいはそれ以上占領することを計画。最終標的は、日本の心臓部である東京から下関までの重工業地帯であり、沖縄攻略はその足掛かりだった。作戦には米軍空母、戦艦など245隻が参加した。台風を隠れみのにして沖縄本島知念村（現南城市）の沖合約280キロに近づき作戦を実行した。死者は668人だった。学校や病院などを含め那覇市の家屋約９割が全焼全壊し、民間船舶を含む約200隻が沈没した。

「ここにいても仕方がない。空襲のことを知らせなければ」。右往左往する新里と別れ、学校へ走った。徒歩で数分の通学路は警報音に包まれ、普段と異なる景色に映った。

次に昇の目に飛び込んできたのは、陸軍から二中に配属されていた将校、高山代千八中尉が校門で待ち構える姿だった。「安全な場所に避難するんだ」。高山は生徒らにがなり立てていた。昇は校舎からほど近い、「城岳」と呼ばれる丘の方面へ走り、横穴の壕に逃げ込んだ。すでに住民四〇人がひしめき合っていた。昇も壕に入り、息を殺した。

県立第一中学校四年生の上原徹はこの日、那覇駅にいた。軍作業に向かうため、与那原行きの汽車を待っていた時、空襲が始まった。旭橋付近にあった那覇駅から那覇港は目と鼻の先だった。

異変を感じた上原も空と海を凝視したが、やはり演習だと受け止めた。一〇分ほど見ていると、近くの交番から警察官が怒鳴った。「ばか野郎、本物だぞ。隠れろ」。見慣れた景色が赤く染まっていった。

米軍はこの日、五回の波状攻撃を仕掛けた。延べ一三九六機が沖縄本島を中心に宮古、八重山の先島、奄美大島などに次々と来襲した。序盤は飛行場や港など軍事施設を標的とし、次第に民間施設にも広がった。午後になると建物や人を焼くことを目的とした焼夷弾も使用され、猛火と熱風が街全体に襲いかかった。

交番前の壕に避難した上原は初回の攻撃が止まった間、垣花の自宅に引き返した。自宅は高射砲陣地が構築されたガジャンビラ高台の斜面に建てられ、周囲の住宅街からも外れた場所にあった。そのためか被害を免れていた。

親類十人と自宅敷地内の壕に隠れた上原は水を入れたバケツを持ち込み、自宅の延焼に備えた。那覇の街並みは火の海。鎮火後、周囲に残った建物は上原の自宅だけだった。

無差別空爆による死亡者は軍人・軍属、民間人を含めて六六八人、負傷者は七六八人に上った。崩れた建物で生き埋めになった住民もいた。遺体も道路に横たわっていた。儀間昇の同級生らも、負傷者を那覇港から病院に搬送するなど、救助作業に追われた。

焼夷弾は束ねられた形で飛行機から投下された後、空中でばらばらになり、地上に降り注ぐ兵器だ。昇らは城岳の壕に逃げ込む前、高山中尉の指示で住宅に散らばった焼夷弾を三発ほど拾い、安全な場所に投げ捨てた。延焼を防ぐためだが、圧倒的な物量攻撃の前には焼け石に水だった。

二中には日本軍の部隊が駐屯していた。空襲時、部隊は武装して校舎周辺の壕に隠れていたが、迎撃できなかった。昇ら多くの人々を動員し、高射砲陣地を構築したガジャンビラの方面からは「ポン、ポン、ポン」という日本軍による反撃音が聞こえた。しかし、昇の目には、敵機に届いているようには映らなかった。

皇国臣民とされた国民は、忠君愛国を強いられ、命をささげることを強いられた。校門付近の壕に潜んでいた校長や教師、生徒らは天皇、皇后の写真「御真影」を取り囲むように守り、敵機が消え去るのを待ち続けた。

午後四時前だった。急に現れた米軍機二機が二中を標的とし、焼夷弾をまき散らした。壕を飛び出した生徒や教員らが炎を一度消し止めたが、数を増した米軍機が舞い戻り、機銃掃射と爆弾も交えて攻撃してきた。なすすべがなく、壕に再び逃げ込むしかなかった。木造二階建ての校舎が燃えていった。目撃した二中生らは、三〇年余に及ぶ二中の歴史が消えていくように感じた。城岳に登り、夕日が沈むまでぼうぜんと立ちすくんだ。

昇は数日後、灰じんに帰した街に再び立った。空爆の日に夜通しで歩き、祖父母の暮らす玉城村に一時避難したが、帰校の指示に伴い那覇に帰ってきた。

青春の思い出が詰まった街は鉄筋コンクリート造りの建物の残骸が立っているだけで、一帯を見渡せるほどの平地になっていた。

日本軍が連戦連勝を重ねていると信じていた。ハワイの家族に宛てた手紙に「日本が必ず勝つ」と書いたこともあった。思い知らされたのは、米国の圧倒的な軍事力。下宿先の建物も、壕に隠した教科書や手紙も全てが灰になった。

昇や同級生、一中の上原らは不安を抱いた。「この戦争は本当に勝てるのだろうか」

## 標的　2世の願い　1944〜1945年

### ■航空写真

仮設テントに入ると、なじみのある地形が目に飛び込んできた。沖縄本島の大きな地図だ。一九四四年秋、フィリピンのレイテ島。ハワイから米陸軍情報部（ＭＩＳ）の通訳兵として従軍していた比嘉武二郎は軍司令部に呼び出されていた。比嘉は地図を見た瞬間、背筋が凍りついた。「ああ、いよいよ次は沖縄か」。そう悟ったからだ。

四四年十月十日、米軍は南西諸島に本格的な空襲を仕掛けた。その際、沖縄本島を中心とした島々の地形も空中撮影し、沖縄攻略に向けた研究を進めていた。十・十空襲から一週間後、米軍を中心とする連合国軍は次の標的、フィリピン・レイテ湾口のスルアン島に上陸を開始。日本軍もフィリピンに兵力を投入し、レイテ沖海戦*が始まった。

ミネソタ州キャンプ・サベージで待機していた比嘉にも、第九六歩兵師団第三一四情報班の一員として、レイテ島上陸作戦への参戦指令が下されていた。

「座れ、ジュニア」。情報将校が告げた。同じ部隊に配属され

## 用語解説

**レイテ攻略**　米統合参謀本部は1944年９月15日、ダグラス・マッカーサー元帥に対し、フィリピン中部レイテ島を10月20日までに攻略するよう指令した。レイテはそのまま沖縄攻略に向かう米軍の出撃拠点の一つになった。米軍は那覇市の９割が焼失する「10・10空襲」を実行したが、これはレイテ攻略から目をそらさせる陽動攻撃でもあった。レイテ攻略に参戦した米軍の軍団、師団は後の沖縄進攻作戦にも多数従軍した。レイテでは沖縄上陸の想定訓練も実施された。上陸部隊を乗せた輸送船が３月18日以降、次々と沖縄を目指して出発した。レイテ島には連合国軍約20万人が上陸し、日本兵約８万人が死亡する激戦地となった。

ていた兄の武光は「ウォーレン」という米国名を持つ。一方、沖縄での生活が長い武二郎には米国名がなかった。上官らは比嘉を「ジュニア」の愛称で呼んでいた。

緊張を隠せない比嘉が椅子に座ると、将校は沖縄での暮らしに話を向けた。十四年間過ごしたことなどを告げると、将校は「これが何か分かるか」と写真を差し出した。

写っていたのは爆撃と猛火にさらされた後の那覇の風景。大部分は焼け野原で、被害を免れた、見覚えのある波上宮の鳥居を見つけた。沖縄が米軍によって攻撃され、甚大な被害を受けたことを、比嘉は理解した。沖縄の祖父母や親類らの顔が脳裏に浮かんだ。「みんな無事か」

比嘉はかつて暮らしていた中城村島袋を上空から撮影した写真を手にすると、食い入るように見詰めた。記憶をたどるように地形を指でなぞっていくと、緑や家屋が沖縄を離れた五年前と変わらないままであることを確認でき、安堵《あんど》した。

そんな比嘉の反応は的外れと感じたのだろうか。対照的に将校は声を荒らげた。「これをよく見ろ。島全体が要塞《ようさい》ではないか」

将校は写真を突き出し、写っていた連なる白っぽい建物を指した。それは亀甲墓だった。

十・十空襲で撮影された亀甲墓を見た米軍の上層部は当初、日本軍が沖縄本島全体に砲台やトーチカなどを構築したと勘違いしたのだ。

このままでは軍施設とは無関係の地域まで攻撃されてしまう。比嘉は誤解を解こうとした。写っている建造物は沖縄伝統の墓であり、軍事施設ではない。一族全員分の遺骨を納め、多くの人が墓の前に集まる伝統がある。必死にそう説明した。

将校も比嘉の説明を聞き、納得したようだった。そして、あらためて告げた。「オーケー、ジュニア。きょうから仕事を手伝え。ただし、ここで見たり、聞いたりしたことを決して誰にも言うな」

## ■三〇八情報班

米軍がサイパンを占領し、沖縄への上陸作戦の検討を始めた一九四四年の晩夏。ミネソタ州の米軍フォート・スネリング内に設けられた米陸軍情報部語学学校（ＭＩＳＬＳ）に配属されていた通訳兵、伊芸平八郎（米国名、トーマス・イゲ）は、軍上層部に進言していた。「沖縄に進攻後、沖縄語を話すことができ、さらに沖縄の習慣や風俗にも詳しい人間が必要になる」

伊芸の両親は金武村出身。伊芸自身も六歳から一年間、金武で暮らした「帰米二世」だ。MISLSでは同じマウイ島生まれの儀間真栄らと共に、日本語能力の習得訓練に参加した。伊芸の妹や叔父ら親類らも沖縄で暮らしていた。

真栄と同様に、伊芸も米国に忠誠を誓った。一方、沖縄に暮らす大切な家族や親類を戦禍から可能な限り守りたいと思っていた。安否も確かめたかった。それは、似たような境遇にあった沖縄移民二世たちの共通する願いだった。

真栄によると、伊芸は沖縄上陸の可能性の高まりを受けて特別班の編成を発案し、MISLS校長に提言書を送った。軍は機密を守るため、上陸直前まで兵士たちに目的地を伝えることはないが、進攻のルートを考えると次の有力な攻略地点が沖縄であることは明白だった。

この提案はワシントンの米軍上層部にも伝えられた。こうして沖縄移民二世だけを集めた「三〇八情報班」がつくられることになった。隊員は真栄と伊芸に加え、東江盛勇、新垣次郎、大城孝成、小橋川博、サキハラ・セイキチ、ナカムラ・カズオ、ヒガ・ヒデヤス、ミヤシロ・ケンゾウの十人。
「もしかしたら家族と会えるかもしれない」。全員がそんな希望を胸に秘めていた。三〇八情報班への招集命令は年が明けた四五年四月に下される。

一方、比嘉武二郎は沖縄進攻作戦を知った日以来、沖縄の祖父母や友人たちの夢を毎晩、見るようになっていた。目覚めの気分は最悪だった。レイテ沖海戦では、日本海軍は総力戦と言えるほどの戦力を投入し、戦闘機が連合国艦隊に体当たりする初の特攻作戦も仕掛けた。同じ光景が沖縄でも繰り返されることを想像し、比嘉は胸が張り裂ける思いだった。

司令部は頻繁に比嘉を呼び出した。沖縄に関する質問に対し、比嘉も知り得ている情報を隠さずに伝えた。

もしかしたら、比嘉は最も早く沖縄進攻作戦を知った二世兵かもしれない。ただ、司令部内で話した内容は機密だった。他言は一切許されず、兄の武光にも話せなかった。比嘉は忠誠と不安の間で揺れ動き、心は押しつぶされそうだった。ベッドに潜り、一人でただ耐えるしかなかった。

四五年三月下旬、比嘉や武光ら多くの米兵を乗せた輸送艦がレイテ島を離れた。出航から二日後、洋上で行き先を明かされた。沖縄だった。

# 学徒隊結成　**夢描けぬ戦世　1945年**

## ■開かれなかった卒業式

一九四五年三月二十三日、米軍は沖縄本島や慶良間に大規模空襲を実行した。翌二十四日、知念半島や喜屋武岬の沖合を航行する米軍艦船が本島からでも確認できるようになり、米軍の艦砲射撃も始まった。敵の上陸が目前に迫っていることを、住民も肌で感じていた。

十・十空襲以降、沖縄に配備された第三二軍は戦闘能力のある民間人を防衛隊として召集し、さらに子どもや女性、高齢者を沖縄本島北部の国頭郡に疎開させるよう県に要求していた。県内外に疎開する動きは一層慌ただしくなった。沖縄を去った同期生もいたが、儀間昇は沖縄に残った。

昇と祖父母の三人による生活は十一年を数え、ハワイで過ごした年月の倍近かった。老いた祖父母を残し、沖縄を離れるという選択肢が昇にあるはずもなかった。

上泉の下宿は十・十空襲で全壊した。昇は新たな下宿先を首里に見つけていたが、学生生活は相変わらず陣地壕構築などの軍作業に駆り出される日々だった。

二月下旬、新たな指示が昇ら二中生に下されていた。二中配属将校の高山代千八は北部の金武村行きを命じていた。三月上旬までに昇を含め二中生約六〇人が金武国民学校に集まった。校舎で寝泊まりし、海軍の人間魚雷特攻基地で雑役に従事した。

昇が入学した時期に学校制度が改定され、中学の修学期間は五年制から四年制に変わった。このため昇たち四年生は四五年三月に卒業するはずだった。しかし、戦況が悪化したため結局、卒業式は開催されず、卒業証書を手にすることはなかった。そして三月十九日、二中鉄血勤皇隊が結成され、手にしたのは銃だった。

■髪と爪

一九四五年三月三十日、真和志村繁多川の壕内に設置された電信第三六連隊司令部。県立第一中学校の二年生、喜舎場朝介は通信隊学徒兵として召集された。喜舎場は日本軍下士官から家族構成を聞かれ、こう返答した。「両親は死にました。兄弟はいません」うそだった。両親は健在で、二人の兄と米国で暮らしていた。「これから殺し合う敵国に、家族がいると言えるはずもない。正直に答え、それこそスパイと疑われたら大変だ」。司令部壕に入る直前、喜舎場は事情を知る同期生に自身の秘密を漏らさないよう口止めもしていた。身の危険を避けるため、家族の存在をひた隠しにするほかなかった。

喜舎場の両親は出稼ぎの移民一世として一九二〇年代にハワイに渡った。それからカリフォルニアに移住した。三〇年、帰省中の母親は喜舎場を出産したが、米国の永住権を失うことを避けるため、母と兄たちは父親の待つ米国に戻った。幼い喜舎場は沖縄に暮らす母方の祖父母に預けられた。そのまま喜舎場は母方の実家・川平家を継ぐため、祖父母と三人で沖縄で生活を続けることになった。儀間昇の歩みと重なる。

喜舎場が司令部壕に召集される三日前の四五年三月二十七日夜、一中では爆撃音が響く中、最後の卒業式が催された。翌二十八日、卒業生を含めた三～五年生約一四〇人は一中鉄血勤皇隊として、第五砲兵司令部に配属された。喜舎場ら二年生一一〇人は一中通信隊として、第三六連隊の四つの中隊に分散配置された。

面接を切り抜けた喜舎場は第四中隊への所属を言い渡された。軍服や二等兵の階級章、軍靴、脚半などを支給され、「学徒兵」に姿を変えた。戦闘帽も支給されたが、以前から使っていた学帽だけは変える気にならなかった。他の同期生らも一中の校章と白線の入った学帽をそのままかぶり続けた。服装の規律に厳しい上官も、これには何も言わなかった。

次に髪の毛と爪を切り、袋の中に入れるよう命じられた。喜舎場から袋を受け取った上官が言い放った。「甕《かめ》の中に入れて埋めておくぞ。お前らが戦死した場合、掘り起こして家族に送る」

■突然の解散命令

二中への配属将校・高山代千八の指令は不可解だった。二中生を金武国民学校に移動させ、三月十九日に二中鉄血勤皇隊を結成した。ところが、国民学校校舎が空爆で全焼した翌日の二十五日、高山は突然、二中鉄血勤皇隊の解散を命じたのだ。その意図を教師や生徒も把握できないでいた。

二中鉄血勤皇隊は当初、激戦地になると予想されていた南部の高嶺村に配置されることになっていた。そのような中、高山は北部行きを強硬に主張したのだった。もしかしたら高山は激戦地になるとみられた南部から、二中生を逃すことを画策したのかもしれない。

高山は解散令を言い渡す際、学徒らに告げた。「家族と面会を済ませたら、海陸どちらの部隊でもいい。自分の家から最寄り陣地、部隊に申告して入隊しなさい」。解散後、高山は親元に戻らない一部の学徒を率い、北部の宇土部隊と合流した。

一方、昇は二中鉄血勤皇隊の解散を知らなかった。高山が解散を言い渡したころ、祖父母の暮らす玉城村に一時帰宅していたからだ。高山から許可を得ての別行動だった。彼岸の時期が終わると、昇は金武に戻るつもりだった。

戦世は学徒たちを戦場に引き込んだだけでなく、目標となる選択肢を見失わせた。昇を含め、多くの学徒が次の言葉を口にした。「卒業したら立派な兵隊さんになる」

四月一日早朝、昇は解散を知らないまま、仲間の元を目指して自宅を出発した。その直後だ。頭上に猛烈な艦砲射撃が次々と降り注ぎ始めた。この日、米軍の上陸作戦「アイスバーグ」が沖縄本島でいよいよ始まった。

# 第3部 戦場

左上：日本軍狙撃兵の発砲が続く中、安謝川に架かる橋（写真右）を渡る海兵隊員。この橋は日本軍の迫撃砲で破壊された＝1945年（県公文書館蔵）
右上：拘束され、米兵と話す鉄血勤皇隊員とみられる少年ら（那覇市歴史博物館提供）
左下：米海兵隊員の水を分けてもらう少女。壕で見つかった後、収容所に連れて行かれた＝1945年6月（米軍撮影、県公文書館蔵）

# 兄弟　学徒兵と米通訳兵　1945年

## ■古賀隊

「この戦争は日本の負けだ」。日本軍将校、古賀宗市少佐がつぶやいた。儀間昇は一瞬、その言葉に耳を疑った。日本の勝利を信じて疑わなかったこともあるが、とても将校の言葉とは思えなかったからだ。古賀少佐には戦争の結末が見えていたのだろうか。

米軍が「Lデー」と呼んだ一九四五年四月一日早朝、玉城村親慶原の自宅から金武村を目指した昇は、米軍の艦砲射撃に見舞われたため、自宅に引き返した。午後、昇は古賀から、米軍が沖縄に上陸したとの情報を聞かされた。

古賀が率いる海上挺身基地第二大隊、暗号名・球一六七八九部隊は同年二月十八日、座間味村阿嘉島から玉城村親慶原へ移駐してきた。昇の自宅である木造家屋は徴用され、古賀と世話係の日本兵の仮住まいとして使われていた。昇と祖父母は離れで寝起きした。

古賀は静岡県出身で四〇、五〇代ほど。がっしりとした体格に口ひげを生やしていた。

約六五〇人を統率する将校は近寄り難い人物かと思いきや、人当たりは良かった。昇と顔を合わせる度、気遣うように声を掛けた。

昇が耳を疑った古賀の言葉は、とても兵士を率いる将校の言葉とは思えなかった。そのような発言を公然と口に出せば、「非国民」と糾弾された時代だった。古賀は昇に気を許していたのだろうか。

ちょうど昇が親慶原に滞在していた頃、第一中学校に進学していた喜舎場一雄も帰郷していた。四年生の一雄も一中に戻ることを断念した。昇と一雄は話し合った結果、古賀少佐に大隊入隊を打診した。「北部には戻らない方がいい」と話していた古賀少佐も昇たちを快く受け入れた。そして軍服と銃が支給され、昇と一雄も学徒兵となった。

■キス

四月二十九日。一人の米兵が沖縄本島に上陸した。「沖縄に着いたぞ」。米兵は無事着いたことへの感謝、そして初めて見る故郷の地へ畏敬の念を込め、地面にキスをした。儀間昇の二歳上の兄、真栄だった。

米陸軍情報部（ＭＩＳ）の真栄は、県系人で構成された三〇八情報班に籍を置いた。四月初旬、米本土で待機していた三〇八情報班にも移動命令が下された。「家族を捜し、無事を確かめたい」。全員の願いだった。ハワイ、フィリピンを経由し、沖縄に向かった。

真栄が洋上に浮かぶ祖先の地を目にした時、すでに別の米軍艦船がおびただしい数の砲弾を撃ち込んでいた。夜になれば、日本軍特別攻撃隊（特攻）の「ゼロ戦」が米軍艦船に体当たりを仕掛ける戦況でもあった。黒煙が立ち上る両親の故郷、撃墜されるゼロ戦。その光景を船上から見詰める度、不安と焦りが真栄に募っていった。「昇は無事か。いや、きっと生きている」。不安を打ち消すかのように心で何度も繰り返した言葉だ。昇がハワイの両親と兄弟の下を離れた十一年前以来、兄弟は一度も会っていない。

兵士が最優先することは作戦の遂行だ。真栄を含めた県系二世兵が軍を離れ、沖縄の戦場を自由に動き回れるはずもない。多くが肉親を捜したい気持ちを抑え、任務に当たった。

四週間遅れて上陸した三〇八班の兵士は通訳兵、語学兵として各部隊に分散配置された。真栄は司令部で報告書作成の任務に就き、北部で日本軍を追跡する作戦に加わった。

## ■天久台

四月一日の米軍上陸以降も、艦砲射撃と空爆にさらされる日々は玉城村親慶原でも続いた。昇ら住民や、古賀少佐ら日本兵は、自然壕（ガマ）に身を潜める日々を過ごしていた。米軍の攻撃が終わる夕刻になると、住民はガマから出て食料を探した。畑は艦砲射撃によって穴が空き、野菜を手にすることは日々難しくなっていた。空襲は家畜も焼き殺し、食料は枯渇していた。ただ、幸いにも昇と喜舎場一雄は大隊と行動を共にしていたため、軍の食事に毎日ありつくことができた。「恩賜のたばこ」も支給され、土産に持ち帰ると祖父は喜んだ。艦砲と空爆を除けば、命の危険には直面しない日々も四月下旬まで続いていた。

五月上旬、新たな指令が古賀大隊に下された。最前線となる真和志村天久の「天久台」方面に移動し、南進する米軍から防衛する任務だった。昇と一雄も行動を共にした。

第三二軍は五月四日から浦添村や西原村までの戦線で、米軍に総攻撃を仕掛けた。第三二軍司令部がある首里を守るため、安謝～天久付近でも激しい戦闘が繰り広げられていた。

夜、指令を受けた古賀少佐をはじめ約三〇人は艦砲射撃を避けるように移動した。時折休息を挟むとはいえ、闇夜の中を速度を落とさないまま突き進んでいく。肉体は悲鳴を上げ、あまりのつらさに昇は泣きそうになった。南風原の壕で二、三日滞在した後、北上して天久台に到着した。

目的地の壕内部には、長さ一〇〇メートル以上の通路もあった。これらいくつかの通路がアリの巣のように多岐に広がっていた。攻撃用の窓口も北向けに数カ所構築されていた。

到着からしばらくして、昇は古賀大隊の任務を知った。決死隊をつくり、米軍が安謝川に造った仮設橋を破壊する作戦だった。

米軍は五月七日、安謝―沢岻―我謝の戦線を確保するため、安謝川を越える作戦に乗り出した。徒歩で渡るには川は深く、車両を使用するにも川底が軟らかく、ぬかるみに車両がはまる恐れもあった。そのため米軍は九日、河口付近に仮設の歩行橋を設置した。十日早朝、米軍は橋を渡って南下を開始した。

これに対し、古賀大隊に命じられたのが歩行橋の爆破指令だった。日本の第三二軍は河口付近や天久台方面に砲兵部隊などを配置し、一体の守備に当たった。司令部は「努めて弾薬を節約し」「敵が至近距離に近づくまで待って発砲せよ」と指示していた。

日本兵八人による決死隊が結成された。夜明け前、隊員は深い霧と硝煙に包まれた戦場へと出撃した。米軍の三個中隊が歩行橋を渡り終えた直後、決死隊は橋を爆破することに成功した。その際に決死隊のうち一人が死亡した。

壕に潜んでいた昇は、帰ってきた決死隊を出迎えた。誰もが憔悴《しょうすい》しきっていた。その様子を見た昇は、作戦が失敗に終わったと勘違いするほどだった。

作戦を成功させた古賀大隊だったが、結局、成果は水泡に帰した。なぜなら、残りの米兵が徒歩で川を渡ってしまったからだ。

その後、日米両軍の戦闘は激化し、夕方ごろに米軍が安謝に新たな陣地を構築することに成功した。古賀大隊を含む第三二軍の各部隊は応戦したが、米軍は五月十二日に天久台の大部分を占領した。

翌十三日夜、古賀大隊は敵陣に直接斬り込んでいくことで抗戦し、米軍の速射砲などを破壊した。この時点で古賀大隊の死傷者は十六人に上った。

## ■退却命令

五月十五日ごろ、昇たちの陣地壕に米軍が迫っていた。昇が監視孔から見ると、米兵たちの姿が確認できるまでに接近していた。

昇と一雄の学徒兵は壕内で砲弾の運搬役だった。昇はりゅう弾砲担当の軍曹に付いた。陣地北側の出入り口から二、三発を米軍に向けて発射したが、命中したかどうか、昇には分からなかった。五分後、逆に思い知らされたのは米軍の圧倒的な軍事力。昇と軍曹が南側の出入り口に移動した直後、米軍は北側の出入り口に集中砲火を浴びせた。昇たちの初撃を何倍も上回る砲弾の嵐だった。岩が次々と崩落し、出入り口を完全にふさいだ。米兵はさらに接近し、手投げ弾を壕に投げ込む「馬乗り攻撃」も仕掛けてきた。

「逃げろ」。日本兵の怒声が壕内に響いた。昇は壕の中の奥へ逃げ込んだ。壕には硝煙と硫黄臭が充満し、涙とせきが止まらなかった。幸いにも米軍の追撃はそこで終わった。そして古賀大隊には後方への撤退命令が下った。

五月十五日夜、古賀少佐は昇と一雄を呼び出した。古賀と昇たちは親子ほどの年齢差がある。目の前に立つ二人の若者に対し、古賀が最後の指示を告げた。「部隊を離れ、玉城村の自宅に戻りなさい」

米軍が沖縄本島に上陸する以前から、古賀は昇の自宅を仮住まいとしていたこともあり昇を気に掛けていた。上下関係以上の感情を、古賀は昇に抱いていたかもしれない。自身の死を覚悟する中、若い昇と一雄を巻き込みたくなかったのだろうか。

「生き残り、壕を脱出せよ。それぞれに兵士二人も付ける。脱出に成功したら家に帰れ」。古賀は毅然とした表情で少年たちに告げた。

三〇代ほどの日本兵二人が昇を親慶原まで送ることになった。同郷の一雄にも別の日本兵二人が付いた。二つの脱出班は間を起き、別行動で天久台の戦場を抜け出した。これが、昇が一雄を見た最後の場面だ。

そのころ天久台に残った古賀をはじめとする独立第二大隊の日本兵は悲壮の決意を固めていた。古賀大隊は敵の進攻情報を第三二軍の司令部に無線で報告した後、残存者全員が最後の斬り込みを実行した。古賀以下、ほとんどが戦死した。

日没後、昇と日本兵二人は西海岸側となる天久台の崖を下り、海沿いから戦線脱出を試みた。昇は海に入る直前、持っていた銃を捨てた。泳ぐ際に邪魔だと思ったからだ。三人は服を着たまま泳ぎ始めた。

ところが、夜の海水は予想以上に冷たかった。夏とはいえ、瞬く間に体温を奪われた。約二週間前に親慶原から天久に移動し、米軍との戦いが続いた。食事をまともに取ることもできず、体力は限界に近づいていた。

三人は海路を諦め、陸に上がった。夜明けが迫っていた。焼け残った民家の床下に身を潜め、次の夜を待った。時間の経過とともに体温は戻った。昇は持っていた乾パンを一口かじったが、すぐに吐き出した。海水が染み込み、塩気が強すぎた。

壕を出て二度目の夜が訪れた。沖縄の地理に詳しい昇が県外出身の日本兵二人の前を歩いた。時折、米軍の照明弾が一帯を照らした。三人は見つからないよう、細心の注意を払いながら進んでいるつもりだった。

泊国民学校付近に差し掛かった時だ。「ダッダッダッダッダッ」。突然、発砲音が鳴り響いた。昇たちを狙う米軍の銃撃だった。

反射的に伏せた昇は無事だったが、直後に悲鳴が聞こえた。姿は見えないが、日本兵二人は撃たれたようだ。助けを求め、「儀間ー」と昇の名字を叫んでいた。

続いて米軍が手榴弾数発を投げ込んだ。昇は起き上がり、数メートル先の土手に走った。地面に滑り込むように再び伏せた直後、爆発が起きた。昇を呼ぶ声は聞こえなくなっていた。

地面に伏せたまま、昇は息を殺し続けた。死の恐怖と戦いながら数時間が経過した。またま前を歩いていた昇だったが、その並びは生死の分け目になった。

次第に空が明るくなった。目を凝らすと焼け残った民家が見えた。昇は腹ばいで進み、民家裏手にあった避難壕へ逃げ込んだ。

家の主が残していったのだろう。瓶に入った黒砂糖があった。天久の壕から脱出後、初めての食事にありついた。食べ終わると、自然とまぶたが閉じた。

翌朝、昇は物音で目を覚ました。目の前には銃口があった。

七月、沖縄本島に設営された米軍の捕虜収容所。米軍通訳兵の儀間真栄は事務所で、捕虜登録書とにらみ合っていた。登録書には捕虜の名や出身地、所属部隊などがアルファベットで記され、写真も貼り付けられていた。真栄は弟・昇の写真を捜していた。

真栄は司令部で報告書作成などの任務に就いていた。合間を見つけては各収容所を回って昇を捜したが、その安否は不明のままだった。

祖母マカトを含め、ほかの肉親との対面はすでに実現していた。玉城村親慶原の住民が久志村の収容所に集められていると聞き、真栄はジープを走らせた。

初めは米軍服姿の若者を訝《いぶか》しんだ祖母だが、真栄が名乗るとすぐに気付いた。ウチナーグチだけを話す祖母と言葉は通じなかったが、孫との対面を心から喜んでいることは十分に伝わった。ただ、あてにした祖母も昇の行方を知らなかった。「弟は本当に生きているのか」。真栄の不安は膨らんでいった。

目が一枚の写真にくぎ付けになり、手が止まった。見覚えのある大きな瞳だ。十一年間、一度も会っていない。しかし、成長した姿にもかかわらず、一目で分かった。昇の写真だ。

「生きている」

真栄は人目をはばからず叫んだ。真栄はとうとう昇を見つけたのだ。書類から無傷であ

那覇市の泊国民学校に突入する米兵＝1945年5月13日ごろ（米軍撮影、那覇市歴史博物館提供）

ることを知り、安堵《あんど》した。書類の作成日付は約二カ月前だ。
「弟はどこにいる？」。そう尋ねた真栄に対し、担当者が返した答えは意外だった。
「この団体ならハワイに送られた」
五月十七日朝、泊の壕で昇が目を覚ますと、目の前で米兵二〜三人が銃口を向けていた。米兵が話し掛けたが、昇は理解できなかった。昇は六歳まで暮らしたハワイで、英語で会話していたが、その後の沖縄での暮らしで英語をすっかり忘れていた。そもそも死への恐怖で、すぐに理解できなかったかもしれない。両手を上げ、抵抗の意思がないことを示すことで頭はいっぱいだった。しばらくすると、次の言葉を聞き取ることはできた。「ハウ・オールド・アー・ユー？（いくつだ？）」。米兵が言った。手を上げたまま、昇はとっさに返した。「エイティーン（十八歳だ）」。

昇は浦添村付近の尋問所に連行された。係の白人米兵が質問し、昇は生い立ちから答えた。ハワイ生まれの移民二世で、両親や兄弟は現在もハワイで暮らす。昇自らも米国籍を持つ二重国籍者で、沖縄では学徒兵として日本軍と共に行動した——。調べればすぐに明るみになることだと思い、正直に話した。尋問した米兵は特に驚いたそぶりを見せず話を聞いていた。沖縄にハワイ移民の関係者が多いことを知っていたのだろうか。

浦添村で数日過ごした後、昇は石川方面の収容所に送られた。荷台に昇とほかの捕虜たちを載せたトラックが走りだした。

この間の米軍の対応を間近で見て、命の危機は過ぎ去ったと昇は感じていた。荷台から流れる景色を見詰めた。白日の下、戦禍に遭った地上では、緑は燃え尽くされた。沖縄特有の石灰岩の岩肌がむき出しになり、景色全体が白っぽく映った。トラックは北へ進み、帰るはずだった玉城村親慶原が遠ざかっていった。

# 二中三二期生　奪われた理性　1945年

県立第二中学校三二期生の儀間昇（一七）が沖縄本島南部の戦場に巻き込まれていたころ、同期生の二中鉄血勤皇隊は北部で戦っていた。一九四五年四月、二中鉄血勤皇隊の金城正夫（一七）は北部の森に潜んでいた。すでに日は沈み、木の枝と葉がざわついていた。時折、照明弾が一帯を照らした後、再び訪れる闇が一層黒く感じた。

さかのぼること約一カ月前、四年生以上からなる二中鉄血勤皇隊員五〇人以上が金武国民学校に集められた。校舎が攻撃された翌日の三月二十五日、二中配属将校の高山代千八は勤皇隊の解散命令を下し、学徒らに事実上の自由行動を言い渡していた。

高山は「激戦地となる南には絶対行くな」と忠告した。多くの学徒は家族の下に戻ったが、行く当てがなかったり、解散命令を知らずに後から金武を訪れたりした、学徒約十五人が高山と行動を共にした。

二中生と高山は北上し、国頭方面の守備に当たっていた国頭支隊と合流した。四月二日に本部町の伊豆味国民学校に到着し、八重岳で入隊登録した。

国頭支隊は宇土武彦大佐（独立混成第四四旅団第二歩兵隊長）が支隊長を務め、宇土部隊と呼ばれた。宇土部隊には県立第三中学校や県立第三高等女学校の学徒、地元住民の防衛隊員なども動員された。

正夫も一度は高山の解散命令に従い、自宅に引き返そうとした。だが、米軍が中部から上陸したことに伴い、南下できなかった。知人のつてで宇土部隊に編入し結局、二中の仲間と再び合流した。一方、米軍は六日には名護南岸の許田からも上陸し、八重岳に迫っていた。


多くの学徒と同じように、正夫も日本兵に憧れていた。しかし、実際に行動を共にしていくにつれ、それは失望に変わった。

八重岳で夜、壕で寝ていた正夫ら学徒兵は日本兵に蹴り起こされた。地面で火を放ち続ける照明弾を消火するように命令された。消して戻ると、日本兵が壕を占拠し、くつろいでいた。正夫たちは外で過ごすしかなかった。

八重岳の別の壕の前では、日本兵十人ほどが一列に並んでいた。正夫は意味を理解できず、不思議そうに眺めた。壕から出てきた兵士はズボンのベルトを締め直した。慰安所だった。出た直後に再び並ぶ者、正夫をからかうように「金城、お前も並べ」と言う者もいた。状況を知った正夫は、ただ幻滅した。

四月十六日、米軍は八重岳を猛攻し、宇土部隊は多野岳まで撤退を決めた。二中生は二十一日に多野岳に移動したが、途中で学徒二人が命を落とした。多野岳では、正夫も地面の穴に身を隠し、銃で応戦した。多野岳の戦闘では、さらに二中生三人の命が奪われた。

上官は部下を守り、部下は上官を慕う。二中生の正夫はそんな軍隊生活を想像していた。しかし現実は理想から懸け離れていくばかりだった。

八重岳では酔っ払っていたとみられる下士官が上官にたてつき、「殺してやる」と拳銃を取り出す場面に出くわした。拳銃を突き付けられた上官は逆にその場で下士官を斬り殺した。かつて僧侶だったという上官は「坊主に殺されたんだから成仏しろ」と叫んだ。

八重岳から多野岳、そして東村に移動した後、二中配属将校の高山代千八は五月ごろ、新たな命令を二中生に下した。正夫を含めた二中生三人に対し、二度目となる解散命令だった。食料が不足していた。正夫は単なる口減らしの口実と受け止めた。

高山は船で鹿児島へ脱出するため、一部の学徒と共に国頭村安波に向かった。高山らと別れた正夫たちは、山に潜み続けるしかなかった。

南から続々と避難していた住民らと山中で遭遇した。その際、正夫たちは自らも逃げているとは言えなかった。「伝令に向かうところだ。五月二十七日の海軍記念日には反撃を仕掛ける」とうそをついた。その話を聞き、喜んで黒砂糖などの食料を出す避難民もいた。

ある日、正夫はイモ三つを避難民から分けてもらった。このうち一つを隠した正夫は学友たちが寝静まった後、ガマを抜け出して一人で食べた。「ヌーカドーガ（何か食べているのか）？」。後からついてきていた仲間が聞いたが、特にとがめられはしなかった。正夫は自分の行為を恥じ、深く後悔した。

正夫だけではない。戦世は多くの人間から理性を奪い、時には狂気に駆り立てた。七月、正夫らは宜野座村で投降した。

## 拡声器と辞書　恩師、旧友と再会　1945年

「帰米二世」の米軍通訳兵、比嘉武二郎（二一）は一九四五年三月、フィリピンから出港した艦船の中で、目的地が沖縄と知らされた。日本で徴兵されることを恐れ、生誕の地ハワイに戻った武二郎だったが、待ち構えていたのは「敵」として第二の故郷沖縄に引き戻される運命だった。

米軍が沖縄本島への上陸作戦を日決行した四五年四月一日、二歳から十六歳まで沖縄に住んでいた比嘉も約六年ぶりに沖縄の地を踏んだ。

比嘉は兄のウォーレン武光と共に第九六歩兵師団第三一四情報班に配属されていた。九六歩兵師団には比嘉のような米陸軍情報部（ＭＩＳ）に所属する日系人の通訳兵十人が配置され、そのほかの部隊にも日系米兵が従軍していた。

早朝、比嘉は甲板から島影を確認した。沖縄本島を取り囲んだ米軍艦船は鉄の雨を次々と降らし、土煙と白煙が無数に立ち上っていた。その光景を見詰め、涙があふれた。

「たーぶっくゎー（水田）と北谷の山を越えたら、私の部落はすぐそこだ。親戚、友人

たちは無事だろうか。なぜ、こんなことになったのか」

比嘉は北谷村砂辺付近から上陸した。かつて暮らしていた中城村島袋までは直線で六、七キロほどしか離れていない。日本軍の抵抗を受けることもなく上陸できたが、比嘉は奇襲を恐れ、極度に緊張していた。集落に近づくと、民家があちこちで燃えていた。

小高い丘に差し掛かった時だ。奥の茂みに気配を感じた。とっさに地面に伏せた比嘉は銃を構えて怒鳴った。

「出て来い」。最初は日本語、ウチナーグチ、英語のどちらで告げたのか興奮して覚えていない。一呼吸を置いた後、ウチナーグチでゆっくりと言った。

「いぢぃーてぃめんそーれ（出てきてください）」

茂みから細い脚が見えた。明らかに子どもの脚だった。五、六歳の少女、続いて祖母とみられる高齢の女性が現れた。二人の家族は国頭に避難した後で、足の悪い祖母と幼い孫が取り残されていた。

不安な表情の二人に対し、比嘉が語り掛けた。「もう大丈夫。収容所に入れば安全だ」

祖国と母国が戦争状態になり、板挟みになった思いを抱えて苦しんできた比嘉だったが、上陸直後に少女と女性を保護した出来事は、その葛藤を振り払うきっかけになった。

「言葉の通じる私なら、沖縄の人々を救えるかもしれない」

投降を呼び掛ける任務で、最初に宜野湾村野嵩付近の壕を訪れた。銃に代わり、拡声器と辞書を握りしめた。

「私の親は島袋の出身で、私はハワイ生まれの二世です。アメリカ人は野蛮人ではない。出てきてください。けがを処置します」「いぢぃーてぃめんそーれ。わん比嘉武二郎やいびーん（出てきてください。私は比嘉武二郎です）」

最初に日本語、次にウチナーグチで続けた。比嘉は投降を一通り呼び掛けると別のガマに移動し、そこでも同じ言葉を繰り返した。

比嘉は多くの壕に呼び掛けたため、住民の動向を最後まで確認できていない。比嘉が後から聞くと、最初の野嵩のガマには住民二三〇人ほどが身を潜め、呼び掛けに応じて出てきたという。

比嘉以外の県系、日系の米兵も各地で住民や日本兵に投降を呼び掛けた。捕虜になった日本兵、保護された住民の中には、のちに米軍と協力して、ガマや壕に潜む人々に投降を呼び掛ける者もいた。
一方、全員が素直に出てくるとは限らなかった。米軍は投降を呼び掛けた後、出てこないガマや壕に攻撃を仕掛けた。戦闘が激化し、米軍にも死傷者が増えていた。投降を呼び掛けたが、救えない命も多かった。

ところで県系、日系の米兵は移動する際、護衛の白人米兵二人と行動を共にすることになっていた。それは貴重な通訳兵を日本軍の攻撃から守るというよりも、見た目が日本人のため日本兵と勘違いされることを防ぎ、仲間の米軍が誤射することを避けるためだった。また、日本軍や地元住民と連絡を取り合うのではないかと、監視の目的も米軍側にあったとみられる。県系、日系の二世たちは日米双方から命を狙われ、疑いの目を向けられた中、投降を呼び掛けたのだった。

ある日、比嘉は収容所に呼び出された。民間人に紛れ込んだ日本兵とみられる男性を取り調べるためだ。比嘉は疑われている人物を見た瞬間、息をのんだ。喜舎場尋常高等小学校時代の恩師、仲村春勝だったからだ。食料を探していたとき、仲村は米軍に見つかった。がっしりとした体格の仲村は、日本兵と疑われていた。

「先生」。仲村を見た比嘉は思わず声にした。

「おー、君か」。仲村が返した。

かつての師弟は、互いにとって想像を超えた状況下で再会した。最初に言葉を交わしたものの、二人はしばらく言葉に詰まり、ぼうぜんと見つめ合った。それから比嘉は仲村が自らの恩師であり、日本兵ではないと軍に説明した。誤解を解かれた仲村は家族の待つ収容所に戻ることができた。

六月、比嘉は二人の日本兵を尋問することになった。名前や年齢などを聞いていくうち、二人が小学校時代の同級生であることに比嘉は気付いた。一方、二人は全く気付いていなかった。

比嘉は二人の出身地や出身学校、恩師の仲村の名などを言い当てた。驚く二人に「私はアメリカ軍情報部の特務軍曹だ。隠してもすぐに分かる」と言い放った。そして続けた。

「比嘉武二郎というのがいたはずだ。今はどこにいる」

「ハワイに戻ったはずだ」「分からない」。二人はそれぞれ答えた。

同級生と確信した比嘉がウチナーグチで言った。「ふらー、同級生も分からんばい（ばか野郎、同級生も分からないのか）」

二人はあっけに取られた表情を浮かべた。まさか同級生が米兵となって目の前に現れるなど夢にも思わなかった。ようやく比嘉だと理解した。命が助かる。そう悟った二人は声を上げて泣き出した。

比嘉も旧友の境遇を思い、涙した。ハワイに戻らなければ、二人と同じようにぼろぼろの衣服をまとい、尋問を受けていたかもしれない。三人は抱き合って泣いた。

比嘉は日本軍の機密文書を翻訳する任務などに携わった後、再び移動したフィリピンで終戦を迎えた。結局、比嘉は沖縄の戦場で一発も銃を放つことはなかった。

## 墓標　息絶える友　1945年

「ヒュッ」。鋭い音が空気を切り裂いた。「砲弾だ。危ない」。県立第一中学校二年生の喜舍場朝介（一五）はそう思った瞬間、体は地面にたたきつけられていた。激しい痛みが身を覆い、大きな耳鳴りがした。よろよろと立ち上がり周りを見渡すと、一中通信隊の仲間たちが倒れていた。砲弾は食料を運んでいた縦列に直撃したのだ。一体誰なのか分からないほど、遺体は肉片となって飛び散っていた。「やられた、やられた」。喜舍場は叫ぶしかなかった。

喜舍場は一九四五年三月三十日、電信第三六連隊第四中隊に配属された。米軍が沖縄本島に上陸する二日前だ。司令部を構えた真和志村繁多川の壕で歩哨や伝令、陣地壕構築の軍務などに当たった。その任務は学友が次々と命を落とすのを目の当たりにする地獄の連続だった。

米軍は中部から上陸し、南進した。喜舍場らの繁多川の壕は北向きの斜面にあったため、常に攻撃を正面から受けることになった。

天長節（天皇誕生日）の四月二十九日、多くの学徒兵は「日本軍が猛攻撃を仕掛ける」と信じていたが、第三二軍による反撃はほとんどなかった。喜舎場は自分たちの縦列に砲弾が命中した日も、二十九日ではなかったかと記憶している。反撃どころか被害は拡大するばかりだった。

攻撃を受けた喜舎場に日本兵が駆け寄ってきた。体を調べたが、どこにも傷は見当たらなかった。近くの岩が防壁の役目を果たし、列後方にいた喜舎場は幸いにも爆風にあおられただけで、担いでいた熱いヤギ汁をかぶった程度で済んでいた。

しかし、前方の学徒兵四人と日本兵数人は一瞬で命を落とした。生き残った者は即死した学友らを埋葬したが、細かく飛び散った遺体の全てを集めることはできなかった。負傷した学徒兵二人が南風原の野戦病院に運ばれたが、その後の消息は誰も知らない。

米軍の進攻に伴い、繁多川周辺の攻防も次第に激しくなった。降り注ぐ砲弾は緑豊かだった一帯の森を丸裸にした。壕から五〇メートル離れた場所に設けられた埋葬地が砲撃の衝撃で掘り返された。浅黒くなった手足が地表に突き出し、墓標も砕け散った。辺りには死臭が漂った。

五月二十七日、第三二軍司令部は首里から沖縄本島南端の摩文仁に撤退を開始した。喜舎場ら第四中隊も夜を待って、分隊ごとに移動した。通信機や発電機、食料などを持ち、津嘉山、志多伯、与座など南へ歩を進めた。二十九日朝、摩文仁に到着すると、海岸の岩間に身を潜めた。

二週間が経過した。六月十二日ごろ、食料が尽きたため与座岳の集積所に米を取りに行くことになった。喜舎場を含め学徒兵約十五人、兵隊五人による食料調達隊が編成された。調達隊は摩文仁から北上し、目当ての米の入手に成功した。その帰り道だった。

「ヒュッ」。聞き覚えのある、あの音だ。

全員が反射的に左右の溝に隠れた直後、砲弾が炸裂した。その音は鳴りやむことはなく、喜舎場は体を丸めて地面に伏せた。頭ほどの大きさの石にしがみついた。「当たりませんように」。必死に祈りながら、集中砲火が終わるのをじっと待った。

この攻撃で県出身の日本兵一人が死亡した。学徒兵の富名腰朝昭は、腹部から腸が飛び出るほどの深手を負った。同級生の一人は富名腰に肩を貸すため、持っていた米を捨てた。おかげで富名腰は摩文仁に戻ることができた。

ところが班長の日本兵は富名腰を助けた同級生を殴り、こう言い放った。「目的の米を持ち帰らず、食料を食いつぶす負傷兵を連れ帰るとは何事か」。その後、富名腰は摩文仁で息絶えた。

数日後、喜舎場は見習士官の七田を手当てしていた。喜舎場が箸代わりに持つ小枝の先で、うじ虫がうごめいていた。「捕まるものか」。箸でつまもうとすると、うじ虫はそう言わんばかりに傷口の中へ逃げた。見習士官の七田はその度、「かゆい」と漏らした。

学徒兵らと行動を共にしていた七田は誰に対しても優しく、喜舎場も親しみと憧れを抱いていた。七田は手首を切断する重傷を負っていた。

喜舎場と同級生の吉田安一からの手当てを受けながら、七田は故郷の佐賀と学問の重要性について話した。「中学を出たら俺の家に来い。そこから学校に通え」。戦場に駆り出された少年二人を励ますように夢を語り、進学を勧めた。

うじ虫を取り終え、七田の包帯を巻き直していた時だ。海上から飛んできた砲弾が近くで炸裂した。

小さな衝撃が喜舎場の背中に走り、息ができなくなり砂場に倒れ込んだ。のどをかきむしり、血を二回は吐き出すと何とか呼吸ができるようになった。

仲間が駆け付け、喜舎場の背中に小さな傷口を見つけた。そこから一筋の血が流れていた。吹き飛んだ岩の破片が身体の中にとどまっていた。

七田と吉田は即死だった。喜舎場と二人との距離は約二メートル。二人の最期の姿を見る余裕もないまま、喜舎場は岩陰に運ばれていった。

六月二十二日、喜舎場らが隠れていた摩文仁の岩間を、米軍が包囲していた。五日ほど前に負傷した喜舎場は何とか歩けたが、息苦しさは悪化していた。喜舎場は迫る死の足音を感じていた。同時に、育ての親だった祖母の言葉を思い出していた。

「人がいない島を取ってどうする。人がいるから島も役立つ。アメリカ人が皆殺しにすることは絶対にない」

喜舎場の両親と兄弟は米国に移民していた。日米の開戦後、喜舎場はスパイ視されることを恐れ、周囲に「両親は死んだ」と真実を隠した。祖母に言葉の真意を確かめたことはないが、戦世という奔流にあらがいたい、祖母なりの意思の表示だったかもしれない。祖母の言葉に後押しされ、喜舎場は仲間に切り出した。「ここにいても殺されるだけだ。手を上げて出よう。船（米軍艦船）からも『殺さない』と言っている」

翌二十三日、学徒兵六、七人で投降した。

喜舎場は南部の佐敷に移送された。避難住民の男性に背負われて収容所内の野戦病院に運ばれている途中、小さな広場のそばを通りかかった。目を凝らすと二〇本ほどの墓標が並んでいることに気付いた。

「ここで死んだら、誰も僕の埋められた場所を分からないだろうな」

見知らぬ誰かの背中で、衰弱した喜舎場はそんなことを考えていた。

一中の二年生約一一五人が米軍上陸後の戦場に駆り出され、このうち七二人が命を落とした。

虜囚　県政消滅　1945年

## ■少年警察官

一九四五年六月、焦土と化した沖縄に、空から大量のビラがまかれていった。ひらひらと左右に揺れ、地面にたどり着いた一枚を、少年警察官の上原徹（一六）が手に取った。「生命を助けるビラ」。そう記されていた。住民と日本兵に投降を呼び掛けるため、米軍が飛行機からばらまいた。上原は周囲に悟られないよう素早くポケットに押し込んだ。

県立第一中学校の卒業式を約三週間後に控えた三月八日、上原は県警察部に採用された。長引く戦争で不足した警察官を補うため、採用年齢が引き下げられていた。応募は両親の勧めだった。

上原ら第八六期生は二四人。沖縄戦の混乱で解散の運命をたどる警察部最後の採用人員で、このうち上原は最年少だった。まともな教練を受ける機会もないまま、上原は四月十九日に警察部長書記室の配属となり、真和志村真地の県庁・警察部壕に配置された。壕には島田叡《あきら》知事、荒井退造警察部長ら県政首脳陣が詰めていた。上原は食料調達などの雑用を担い、戦時行政に突入した県政末期の場面に立ち会うことにもなった。

直属の警察官が毎日、首里の第三二軍司令部との間を行き来し、戦況を報告した。県政、警察幹部らが浮かべる硬い表情と重苦しい雰囲気から戦局は極めて厳しいと察しがついた。「軍司令部は移動する」。次第に上原の耳にも情報が入った。

四月二十七日、市町村長や警察署長が戦火をくぐり抜け、県庁・警察部壕に集まった。島田は最後となる合同会議で「勝利の日まで辛抱を続けよう」と訓示した。会議終了後、具志堅宗精那覇署長が「決して捕虜になるな」とハッパを掛けた。

五月十一日、上原は糸満署に異動を命じられた。上司の仲村兼孝巡査部長が告げた。「若い君が知事、部長にお供する必要はない」

壕を出る直前、島田知事も「君は若い。後方に下がりなさい」と上原を気遣い、黒砂糖の餞別《せんべつ》を手渡した。

糸満署配属になった上原は高嶺村で署員らと合流し、伝令などを任された。高嶺では一般男性がスパイと疑われ、木に縛り付けられた場面に出くわした。ウチナーグチだけを話すということが理由だった。名ばかりの少年警察官には、どうすることもできなかった。二週間ほど経過し、上原は自由行動を言い渡された。「これで死なずにすむ」。職責からの解放を素直に喜んだ。それから当てもなく戦場をさまよった。米軍が空からまいた投降ビラを数日隠し持ったが、日本兵に発覚した場合を恐れて捨てた。

六月中旬、県立一中時代の同級生で鉄血勤皇隊員だった崎間福昌と偶然再会した。一緒に逃げることになった二人は喜屋武村山城の海岸にたどり着いた。崎間の傷口に湧いたうじ虫を取り除いた後、一人で海辺に降りた上原は体を洗っていた。静かな日中だった。

突然、発砲音が鳴り響いた。いつの間にか、米兵数人が上原に銃を向け、取り囲んでいた。ふんどし姿で武器を所持していないことが明白だったことが幸いしたのか、米兵はそれ以上のことはしなかった。

上原が銃を突き付けられたまま崖を登ると、爆発音が起きた。崎間が身を潜めていた方向からだ。攻撃または自決だろうか。上原は崎間の元へ駆け付けようとしたが、米兵が銃口を向けて制止した。崎間の安否を確かめられないまま、豊見城の収容所に送られた。

上原は収容所で警察部幹部の一人を見掛けた。「捕虜になるな」。そう鼓舞した那覇署長の具志堅だった。「ああ、捕虜になっていいんだ。生きていて、いいんだ」。上原は少しだけ気持ちが楽になった。

■知事と警察部長

「読み終えた後、すぐに燃やすように」。一九四五年五月、豊見城村の海軍壕で手紙を受け取った具志よし子（一九）は指示通り火を紙に移した。送り主は荒井警察部長だった。よし子は約二年前から手伝いとして荒井の官舎に住み込みで働き、県庁・警察部壕まで行動を共にしていた。県庁・警察部壕では、少年警察官の上原徹と顔なじみにもなった。上原は愛着を持ってよし子を「ねえや」と呼んだが、年寄り扱いされていると感じたよし子は「あなたとはそれほど年齢が離れないでしょ」と言い返すのが口癖でもあった。

五月、よし子ら女性約十人は戦況悪化に伴い、県庁・警察部壕から海軍壕に移動した。よし子は荒井を父親のように慕っていた。荒井もよし子を何かと気に掛け、部下に手紙を託していたのだ。「（南部に）危険が迫っている」。荒井は軍事機密に等しい戦況を書き記し、逃げるよう促していた。一〇〇円札も同封されていた。

県庁・警察部壕での別れ際、荒井はよし子にとって意外な言葉を投げ掛けていた。「手を上げて抵抗しなければ、米兵は殺さない」

生きて虜囚の辱めを受けずの号令が発せられた時代。よし子は問い返した。「捕虜は恥ずかしいことではないですか」

「そんなことはない。いつか戦争は終わり、若い者が沖縄を立て直さないといけない。戦争が終わるまで我慢して生き残れ」

「そう言うなら、私のお父さんということにして一緒に投降しましょう」

「部下があれほど死んだ。自分だけが生き残るわけにはいかない」

二人の最後の会話だ。荒井はよし子が生き残り、戦禍を乗り越えることの願いを、再び手紙に託したのだろう。

県庁・警察部壕では、島田知事もよし子に対し、餞別を贈った。粉ミルクとタオル一枚を手渡した。「もしもけがをしたら、これで血を止めなさい。生きなさい」

六月中旬、よし子は手榴弾を握り締めていた。死ぬためだ。身を潜めていた豚小屋を米兵が取り囲み、片言の日本語で「デテコーイ」と呼び掛けていた。よし子は手榴弾を地面にたたき付けた。しかし、何も起こらなかった。

数日前、豊見城村の海軍壕を脱出した。同級生と日本兵、途中で出会った少年の四人で北上することにした。国場川につながる支流の中で半日以上水に漬かり、草木で体を覆って潜んだ。そこから真玉橋付近の豚小屋に隠れたが、やがて米軍に発見された。

自決を持ち掛けたのは日本兵だった。しかし、半日間水に漬かっていたために湿っていたのか、手榴弾は爆発しなかった。四人は、そのまま拘束された。

よし子は養鶏場を利用した住民向けの収容所に送られた。日本語を話せる日系人の米兵らが、次々に収容される住民を尋問しつつ、負傷者も手当てしていた。

しばらくして、沖縄戦終結が収容所にも伝えられた。米兵と住民が喜んでいた。その様子をよし子は座ったまま、ぼんやりと眺めた。

一人の米通訳兵がよし子に近づき、住民の手当てを手伝うよう話し掛けてきた。通訳兵の名は県系二世の上地健一（二一）。よし子は将来の夫、健一と戦場で出会ったのだった。

## 童　悔恨　1945年

### ■マラリア

まぶたを閉じると、泣きじゃくる女の子の姿が浮かんだ。砲煙弾雨の戦場で、幼女は一人立ち尽くしていた。「お母さん、お母さん」。一九四五年夏、東恩納良吉（九）は逃げ延びてきた山中で、目を覚ました。幼女の声が今も耳元に残っているようだった。

四月一日、中部から上陸した米軍は島を分断するように南北へ進攻した。戦禍を逃れるため、中部の住民の中には北上する人も多かった。

四月上旬、具志川村塩屋で暮らしていた東恩納と母ナエや妹、親族ら約十五人も国頭へ避難した。疲労、憔悴《しょうすい》、不安の色がそれぞれの表情に浮かんでいた。

東恩納の父依繁《いはん》は日本軍に徴兵された。父はハワイで生まれ、沖縄に戻った「帰日二世」。父の弟、依次郎が十六歳で再びハワイに渡った際、父も付き添った。真珠湾攻撃前年の四〇年、父は日米開戦の空気を感じ取り、妻子が待つ沖縄に引き揚げた。それから日本軍に召集され、英語を話せるため、海軍通訳兵としてフィリピンに送られていた。

一方、ハワイに残った叔父依次郎は「帰米二世」として米軍に徴兵された。叔父はハワイ生まれの二重国籍者。四五年、叔父は米陸軍情報部（ＭＩＳ）の通訳兵として戦争末期の沖縄の地を踏んだ。父と叔父の兄弟も戦渦に翻弄され、敵として対峙したのだった。


北部に逃げる際、母方の祖父が先導した。東恩納が一人ぼっちで戦場をさまよう幼女を見掛けたのは、夜に金武村を通過した時だった。東恩納の六歳の妹よりも小さい。三歳くらいだろうか。母親らしき姿は周囲に見当たらなかった。泣き叫び、母親を探す幼女を照明弾の明かりが照らした。

東恩納は妹と二歳のいとこの手を引いていた。大人たちは目いっぱいの非常食や着替えを抱え、他人の子に構える状況ではなかった。砲弾が至近に着弾し、土煙が舞った。多くの避難住民は歩みを速め、幼女の姿はやがて闇夜へ沈んだ。

塩屋を脱出してから約二週間後、東恩納らは東村有銘にたどり着いた。祖父は有銘で避難生活を始めることを決めた。

東恩納が座り込み、まぶたを閉じると、あの幼女が浮かんだ。「あの子は大丈夫だろうか」。なぜ手を差し伸べなかったのか。決して消えない後悔の念が少年に芽生えていた。

八月十五日の日本敗戦後も、東恩納らは東村の山中に隠れていた。敗戦を知らせるビラを手にしても、祖父は「だまされるな」と信用しなかった。

約十五人分の食料確保が目下の課題だった。海水で味付けしたカエルや野草などを食べた。祖父が毒抜きしたソテツも口にしたが、食後の腹の具合は良くなかった。

九月、鉄砲と艦砲の音はもはや聞こえなかった。「本当に戦争終わったのか」。祖父も心変わりし、有銘の集落に降りたところで一家は米軍に保護された。

沖縄本島北部の大浦湾一帯では、マラリアが猛威を振るっていた。せっかく戦禍を逃れたにもかかわらず、マラリアで命を落とす高齢者や子どもは多かった。東恩納もマラリアにもかかった。体は火照り、毛布に包まれていても、がたがたと震えが止まらなかった。

マラリアにかかると周期的な発熱と悪寒が襲う。東恩納は一カ月ほど苦しんだ。あと少し投降が遅れていたら命はなかっただろう。七〇~八〇代の曽祖母は収容所で亡くなった。

収容所に入った後、しばらくして一人の米兵が東恩納らの家族を訪ねてきた。米兵は涙ぐんでいた。叔父の依次郎だった。叔父は焦土と化した故郷で親族を捜し回り、ようやく再会を果たすことができた。多くの食料を持参し、東恩納らに沖縄の家族に与えた。

東恩納が赤ん坊のころに叔父と会っただけで、その記憶はほとんどない。米軍服姿で、涙を流す叔父を、ただ不思議そうに見詰めた。

## ■やんばる

米軍の北進に伴い、沖縄本島北部、通称・山原《やんばる》でも多くの住民が戦禍に遭い、山中へ逃げた。本部町で暮らしていた、伊豆味国民学校三年生の高山朝光（一〇）も四月中旬、戦禍を逃れるため、母ツルや叔母ら七人で伊豆味から多野岳へ避難した。あぜ道には多くの遺体が横たわっていた。

朝光らは多野岳に撤退する宇土部隊の後を追った。大人たちは米軍上陸で気も動転し、日本軍と一緒にいることが最善の安全策と考えたからだ。しかし、ある日本兵は「ついてくるな。殺すぞ」と言い放ち、日本刀を抜いて朝光らを脅した。人間の数が多いほど米軍に発見されやすくなると考えたのだろう。

朝光は直線で約十五キロの距離を六日間かけて避難した。途中、艦砲弾が直撃し、近所の父子二人が絶命した。頭部がない遺体、顔が判別できない遺体も見た。

多野岳近くの民家に隠れていた時だ。学徒兵とみられる軍服姿の少年が艦砲射撃の破片で腰の肉をえぐり取られ、苦しんでいた。翌日、家主とみられる男二人が少年を畚《もっこ》で外に運んだ。少年は悲痛な声を上げ、「お願い、捨てないで」と懇願していた。

米軍に見つかった場合、日本兵をかくまっていたと疑いの目を向けられることを恐れ、男たちは少年を移動させた。後に、朝光は母からそう聞いた。その後、少年がどうなったかは知る由もない。

朝光らは多野岳から再び伊豆味に戻ると、かやぶきの自宅は全焼していた。飼っていたブタも焼死していた。暮らしの糧を失ったことを落胆し、母が泣き崩れていた。朝光は焼け野原となった自宅跡や故郷を見詰め、ぼうぜんと立ち尽くした。

## ■南部撤退

暗闇で、何かが動めいていた。五月二十七日夜、第三二軍は首里から南部に撤退していた。沖縄師範鉄血勤皇隊員の古堅実吉（一五）がその気配を感じたのは、真和志村の識名園付近を通り掛かった時だった。目を凝らすと、両足を失った数人の日本兵が地面をはっていた。司令部に見捨てられたのだろう。必死に追い付こうと両腕、胴体を動かしていた。

二年生の古堅を含めた師範学校生は米軍上陸後、第三二軍司令部に配属された。古堅は自活班の一人として、発電機用冷却水を首里城周辺の壕まで運搬する任務などに従事した。戦場を駆け抜け、命を落とした学友らを埋葬した。

撤退命令を受けた二十七日夜、師範鉄血勤皇隊約二〇〇人は負傷した仲間を交代で担ぎ南部を目指した。両足を失った負傷兵を見掛けても肩を貸す余裕はなかった。

南風原村津嘉山の農道では、もんぺ姿の女性の遺体が横たわっていた。女性の子どもだろう。乳飲み子が遺体の上を無心に這《は》い回り、乳房を探しているようだった。

「あまりにもむごい」。その光景を見た古堅は硬直し、身も心も引き裂かれる思いだったが、自らも学友と自身の命を守るだけで精いっぱいだった。前に進むしかなかった。

五月末に摩文仁へ到着し、岩間に身を隠した。数日もすると米軍の包囲網が迫り、容赦のない攻撃を浴びせた。遺体は日ごとに増え、埋葬することもままならなくなった。

岩間から数百メートル先の畑まで毎回命懸けで走り、サトウキビを調達した。飢えとの闘いでの命綱だった。

六月十七日、調達の帰り道だった。砲弾が飛び交う中、泣きじゃくる子ども二人を見つけた。「どうしたんだ」。駆け寄って尋ねた古堅に対し、姉弟とみられる二人は指をさして答えた。その先には母親らしき女性が息絶えていた。

身を隠せる岩陰に二人を誘導した後、サトウキビを与えた。「ここにいるんだぞ」。次の食料を調達する時、あらためて二人のもとに立ち寄ろう。古堅は自分にそう言い聞かせ、仲間の元へ戻った。

ところが、十九日には米軍の猛攻を受け、一歩も岩陰から出られなかった。第三二軍司令部は師範鉄血勤皇隊に解散と国頭突破を告げた。そして古堅は二十二日捕虜になった。

結局、二人との再会はかなわなかった。「あの子たちはどうなったのか」。無念さだけが残った。それは古堅だけではない。東恩納や高山朝光らを含め、戦禍を生き延びた多くの者がその後抱き続ける悔恨だった。

七月三日、古堅は金武村の屋嘉収容所から移送され、行く先を知らされぬまま移送船に乗せられた。船の目的地はハワイだった。

## 流血の島　止まらぬ狂気　1945年

真っ赤な炎が闇夜を引き裂いた。一九四五年八月十八日、久米島仲里村。通報で駆け付けた米陸軍情報部（ＭＩＳ）の通訳兵、儀間真栄（二〇）は燃え上がる小屋を前に、立ち尽くすしかなかった。周辺の地面には大量の血痕が飛び散っていた。鎮火後、一家三人の刺殺遺体が焼け跡から見つかった。実行犯は兵曹長鹿山正が率いる「日本海軍沖縄方面根拠地付電波探信隊」。鹿山隊は三四人が島のウフクビリ山に駐屯し、島民から「山の兵隊」と呼ばれていた。日本が無条件降伏した十五日以降も、スパイ視した島民を殺害したのだった。島は流血と炎で染まった。

玉音放送を聞くため集められた久米島の住民たち　=1945年8月15日（儀間真栄さん提供）

さかのぼること三日前の四五年八月十五日正午。「朕深く世界の大勢と帝国の現状とに鑑み……」。独特の抑揚を伴った昭和天皇の声が、機器を通じて流されていた。

米軍は久米島の住民を国民学校に集め、「玉音放送」を聞かせた。日本敗戦を知らせることで、島民に紛れた敗残兵の投降を促す狙いだった。県系二世の真栄も、初めて聞く天皇の声に耳を傾けた。

沖縄で暮らしていた弟の昇が捕虜となり、ハワイに移送されたことは突き止めた。祖母ら親類を収容所で見つけることもできた。沖縄の家族の無事を把握できた真栄は七月中旬、久米島に移動していた。

米軍が久米島を占領したのは六月二十六日。沖縄本島南端の摩文仁に追い詰められた第三二軍司令部の牛島満司令官は二十二日未明に自決した（二十三日説もあり）ことで、第三二軍の組織的戦闘はすでに終結していた。鉄血勤皇隊や女子学徒には十九日前後に解散命令が言い渡されていた。

しかし、鹿山隊は翌六月二十七日から島民の虐殺を始めたのだった。鹿山隊は米軍の指示で降伏勧告文を届けた安里正二郎を「敵の手先」として拳銃で処刑した。組織的戦闘が終わっても、狂気は止まらなかった。

二日後には北原区の区長や警防分団長など島民九人を殺害した。九人のうち一部は殺害される二週間余前、米軍の偵察部隊に拘束され、解放されていた。後日、鹿山は警防団長らに連行するよう命じた。その指示を実行しなかったとして、区長を含めた九人は殺されたのだった。

事件発生から一週間が過ぎたにもかかわらず、九人の遺体は手つかずだった。「遺骨を引き取る者も殺される」といううわさが流れていた。遺体は針金で家屋に縛り付けられていた。鹿山隊は島民九人を殺した後、家屋に火を放ったのだ。

鹿山隊は米軍占領直後から山に潜伏した。時折、変装して集落への出入りも続け、島民の動向も監視していた。

一方、米軍は沖縄本島における戦闘終結を久米島の島民に伝えて回った。米軍の上陸直後、島民は壕に隠れたが、一週間も経過すると住宅に戻り始めた。七月上旬までには農作業を再開する光景も見られた。

そうした中、島民は次第に、住民をスパイ視し、虐殺する鹿山隊を恐れた。呼び出されても鹿山隊の下へ行かず、隊に捕まらないよう神経を使い、おびえる日々を過ごした。

真栄の任務は、この鹿山隊を説得し、降伏させることだった。八月十五日、玉音放送を聞いた多くの島民は涙を流した。真栄は一日も早い戦世の終わりを願った。しかし、虐殺は続いた。三日後、新たに一家三人の命が奪われた。

八月十八日、鹿山隊は仲村渠明勇とその妻、幼児を手に掛けた。仲村渠は日本海軍上等兵で、鹿山と同じ根拠地隊の所属だった。沖縄本島で捕虜になった後、郷里の久米島で米軍の案内人を担ったため殺されたのだった。

久米島での鹿山隊の降伏式。左から３人目が儀間真栄、右が隊長の鹿山正兵曹長＝1945年9月7日（儀間真栄さん提供）

仲村渠は本島の収容所で、米通訳兵から久米島上陸作戦を聞いた。米軍は上陸前に艦砲射撃を行い、敵兵力を無力化する。焦土と化した本島の二の舞いにさせない。仲村渠はそう決意し、米軍と行動を共にした。

仲村渠は避難壕などを回り、米軍は危害を加えないから安心して山を下りるようにと説得した。呼び掛けに応じた島民を保護できた一方、鹿山隊の反感を買った仲村渠は標的にされた。真栄が目撃した燃えさかる民家。それは仲村渠一家の殺害現場だった。

仲村渠一家の殺害から二日後、谷川昇という日本人名を持つ朝鮮人一家七人も惨殺された。久志村出身の妻、十歳を最年長とした乳幼児までの子ども五人が殺された。

九月七日、身を潜めていたはずの鹿山隊三〇人余が銃を肩に掛け、仲地の集落を堂々と行進していた。目指すは米軍が待つ広場。降伏式に向かうところだった。鹿山は顔見知りの住民を見掛けると、「元気か?」と声を掛けて余裕を見せた。

降伏式には、真栄も立ち会った。鹿山が米軍幹部に銃を渡し、その部下たちも次々に武装を解除した。沖縄戦の組織的戦闘の終結から二カ月余。久米島の住民は虐殺の恐怖からようやく解放されたのだった。

真栄は鹿山に見覚えがあった。ある日、車で移動していると、クバガサをかぶった農夫姿の男が沿道から詰めていた。真栄が視線に気付くと、男は逃げた。それが鹿山だった。

降伏式が終わった。すると鹿山は真栄に近づき、その耳元にささやいた。「スパイだと思ったぞ。もう少しでお前の首をはねるところだった」

唐突な言葉に一瞬、真栄はおののいた。これまでの虐殺事件が頭によぎった。「日本人の裏切り者は決して許さない」。真栄はそう言われた気がした。

米軍はこの日、久米島から鹿山隊を移送した。鹿山隊は米軍が配給した服に着替えさせられた。背中には捕虜を表す「ＰＷ」の二文字が白いペンキで大きく記されていた。食料などを詰めたとみられる箱を持たされ、行進してきた道を引き返した。

降伏式前の行進していた姿とは一転し、鹿山を含めた全員がうなだれていた。「人間はこうも変わるものか」。島民らはその光景を見詰め、ただ惨めだと感じた。

# 第4部 旅愁

ツール・レイク収容所に入っていたころの金城秀夫（前列右端）と食堂スタッフの仲間（本人提供）

収容所から解放後とみられる儀間昇の祖母・マカトさん（右端）といとこたち。左は米通訳兵として沖縄戦に従軍した兄の真栄。1946年4月以前の玉城村親慶原で撮影したとみられる（儀間昇さん提供）

## PW 期待と絶望　1945〜1947年

### ■ハワイ移送

薄暗い船底から出ると、視界は真っ白になった。降り注ぐ光がまぶしい。瞳が明るさに慣れてきた。うっすらと記憶に残る形が見えた。島だ。「ああ、ハワイに帰ってきたんだ」。県立第二中学校の学徒兵、儀間昇（一七）はハワイで生まれ育った帰日二世だ。初めての里帰りはくしくも「捕虜」だった。

米軍は沖縄各地で拘束、保護した人々を尋問した後、戦闘員と非戦闘員に区別し、民間人と捕虜の各収容所に送った。四五年六月までに収容された民間人は約二八万四千人。民間人は主に十二の地区に収容された。

県外出身の日本兵に加え、県出身の鉄血勤皇隊と通信隊の学徒兵、防衛隊員は戦闘員とされた。このうち県出身者三一〇〇人余がハワイに移送された。一九四五年五月十七日に捕虜となった昇も含まれた。

一方、移送を免れた人もいた。昇の二中同級生で、北部で捕虜になった金城正夫（一六）は勤皇隊に配属されたことを隠し通した。米軍側に協力し、尋問に立ち会った帰日二世の女性が偶然知人だった。アルファベット文字を書けることと女性の計らいもあり、金城は収容所の名簿作成係を任された。

金城は住民に扮《ふん》した顔見知りで、県外出身の日本兵に偶然対応した際、沖縄の姓、漁師など事実と異なる記載を書き込み、日本兵が捕虜収容所送りにならないよう手助けしたのだった。

対する米軍も、こうした民間人を装った日本兵を割り出そうとした。米陸軍対敵諜報隊（ＣＩＣ）が民間人収容所でも尋問を実施するなど目を光らせていた。

ＣＩＣは米陸軍内の情報機関だ。のちに二七年間続く米施政権下の沖縄で、諜報活動を展開していくことになるが、沖縄の初期占領期におけるＣＩＣの最初の任務は、こうした捕虜の選別だった。実際に沖縄戦には六つのＣＩＣ分遣隊が参加した。

民間人収容所における尋問では高学歴者やハワイ移民経験者、県職員や警察官といった職歴者が「ＣＩＣ協力者」として最初の尋問審査を担った。沖縄の言葉で質問し、その返答で見定めた。その記録を語学将校が確認し、被尋問者が民間人か否かを判定した。日本兵千人が民間人に混ざっていたという。

捕虜を乗せた移送船は北谷村嘉手納から出航した。重い足取りで進む捕虜に対し、収容所の避難民は親しい者に手を振り、野戦用携帯食料（レーション）に入った食料やたばこを餞別《せんべつ》として投げた。

昇たち集団約二〇〇人を乗せた船は六月に沖縄を離れ、ハワイに到着した第一陣だったとみられる。昇も行き先を知らされないまま移送された。

第三二軍の組織的抵抗が終わった六月二十三日以降になると、沖縄の収容所では「捕虜はハワイ、外国行き」とのうわさも流れていた。

出発前の船上で捕虜は裸となり、浴びせられた海水で体を洗った。米軍は消毒剤ＤＤＴを吹きかけ、新たな衣服を渡した。

移送船は数隻の船団で向かった。捕虜が使用する四段ベッドを設置した船もあれば、窓もない船倉の鉄板の上に捕虜を寝かせる船もあり、移送船の違いで捕虜の扱いが分かれた。

昇の船は捕虜を船倉に収容した。その船倉は蒸し暑く、捕虜のほとんどは体温を下げるため下着姿で過ごした。食事は朝夕の二食。一日一回は甲板で日光浴した。時折海水のシャワーを浴び、終わった後は体に塩が浮いた。

移送船は物資補給のためサイパンやグアムといった南洋を経由した。日数も経過し、米兵の警戒心も緩んだのだろうか。ある日、昇は米兵たちの会話から目的地を知った。「ハワイ、ハワイ」。親しみのある単語を繰り返していた。

## ■裸組

丸裸のまま過ごし、食事は手のひらに盛り付けられた。沖縄師範鉄血勤皇隊員の古堅実吉（一五）が乗った船では、非人道的な対応が繰り返された。この船は「裸船」、乗船した捕虜は「裸組」とのちに称された。

古堅は七月三日、屋嘉収容所から嘉手納に移動した。沖縄にセメントを運んだ輸送船が移送船の代用になった。別の船の捕虜と同じように海水で体を洗うまでは一緒だが、その後は下着一枚も配られなかった。

日系人米兵が案内した場所は、甲板の出入り口からはしごを使って降りる船倉。鉄板の床の上にはセメントの粉が積もっていた。一つの船倉に三〇人一組がハワイに到着するまでの二週間余を過ごした。二、三日は手で下半身を隠したが、やがて疲れに負けた。

鉄板に囲まれた船倉は蒸し風呂状態で、数日もすると床に積もったセメント粉は捕虜の汗で流されて、消え失せていた。

食事は一日二回。全員分をバケツに入れ、ロープで下の船倉に下ろされた。食器は両手。手のひらに白米を先に載せた。その上におかずを盛り付けると、おかずの汁が指と指の隙間から漏れ出さないからだ。動物のように顔をうずめて食べた。身を隠す場所もない。他人の目に触れながら、バケツに排せつを済ませた。

「裸組」の捕虜は耐え難い屈辱を味わった。「やはり奴隷にされるのか」。古堅らを深い絶望の中に突き落とし、船はハワイを目指した。

## ■ハワイの収容所

移送先がハワイと知った昇の心は躍った。形はどうであれ、昇にとって里帰りであることは変わらない。昇を気に掛けるハワイからの母の手紙は、太平洋戦争が勃発して以降、途絶えた。「家族に会えるかもしれない」。そんな期待が膨らんだ。捕虜には昇のような帰日二世に加え、ハワイへの出稼ぎ移民経験者も少なからず含まれていた。

沖縄を出発してから数週間後、昇を乗せた船はオアフ島ホノルル港に到着した。郊外の収容所に入った。イタリア人や朝鮮人、沖縄以外の場所で捕虜になった日本兵もいた。

米軍から与えられた作業の一つとして、昇は「ＰＷ」の二文字を捕虜用衣服にペンキで書いていった。ＰＷは「ＰＷ（Ｐｒｉｓｏｎｅｒ ｏｆ Ｗａｒ）」の略で、「戦争捕虜」を意味する。数え切れないほど書いた。

英語を少し話すことができた昇は配給係にもなった。遅れて到着した沖縄からの捕虜にＰＷ服を手渡した。すると昇を見て驚く者たちがいた。「君は死んだとうわさされていた。生きていたのか」。親類や友人だった。顔見知りとの再会は心からうれしかった。

四五年八月、昇は白人の監視兵から手渡された現地の邦字新聞に目を奪われた。「新型爆弾投下」。原子爆弾が広島、長崎に投下されたことを伝えていた。八月十五日、日本は無条件降伏した。昇は日米開戦を告げた「真珠湾攻撃」の舞台オアフ島で終戦を迎えた。

オアフ島に複数あった捕虜収容所には県外出身の日本兵やイタリア人、朝鮮人もいたが、県出身者はそれらの集団とは分けて収容された。昇たちの捕虜の集団は六月ごろにオアフへ到着し、山間部の収容所に入れられた。昇の記憶は曖昧だが、ホノウリウリ収容所だったとみられる。そこで原子爆弾と日本敗戦のニュースを聞いた。沖縄戦で米軍の戦力を痛感させられた昇にとって、もはや敗戦は予期されたことであり驚くことではなかった。

出される食事は白米や肉類、果物やジュース、パンだった。劣悪な移送船の環境に比べると、収容所の待遇は随分ましだった。グループ単位による行動制限、銃を持った米兵の監視が付いていたとはいえ、食堂で他のグループと自由に会話も交わせた。

しばらくして、ホノルル市対岸のサンドアイランドの収容所に移された。捕虜は大きく二分された。昇はこのうちの一つ、通称「福地隊」に所属した。捕虜は収容所外の公園や軍施設の芝刈り、洗濯などの雑務を命じられた。

収容所内では、物品を購入できるクーポン（軍票）が捕虜に配られた。クーポンには米貨セントが表示され、複数枚のつづりを一枚ずつ切り取って雑貨品を「購入」できた。配給係だった昇は石けんや歯磨き粉、ひげそりなど雑貨品などを求める捕虜に対応した。

手先が器用な者は電話用の金属線を弦に、空き缶を胴体にしてカンカラ三線を作った。沖縄の音色はハワイの収容所でも鳴り響いていた。時折、芸達者な捕虜がウチナーグチ芝居を披露し、数少ない収容所の娯楽になった。

そして、サンドアイランド収容所には、地元の人々が頻繁に訪れるようになっていた。ハワイ移民の県系人たちだ。県出身者の捕虜が移送されたことを聞きつけ、肉親・知人を捜すためだった。

■県系人の差し入れ

カンカン、カンカン。米兵たちが金属製の食器をぶつけ合い、歓声を上げていた。古堅実吉（一六）は、ほかの捕虜と共に金網の前に集まり、フェンス越しの兵舎の様子をうかがっていた。「戦争が終わったぞ」。日系二世兵が捕虜に向かって声を上げた。

昇の到着から一カ月ほど後、古堅もオアフへ移送された。約三週間に及ぶ船旅は丸裸のまま船倉に押し込まれ、奴隷のような屈辱的扱いだった。処刑も覚悟していただけに、終戦の知らせに「もう命を奪われることはない」と安堵した。

古堅も山間部の収容所で終戦を知った後、収容所数カ所を移動させられた。昇と同じくサンドアイランドでも過ごしたとみられる。

ハワイに移民した県系人はサンドアイランド収容所の外、アラモアナ公園の清掃などで作業に駆り出される捕虜を目の当たりにした。米軍に指図される捕虜の境遇を思い、いたたまれない気持ちになったのだろう。食料などを相次いで差し入れた。

監視兵の多くは遮ることもなかった。収容所外で作業中の捕虜と県系人は半ば公然に接触できた。親類や知人など尋ね人の情報が書かれた紙も交換されていた。

国頭村出身の古堅も県系人を通じ、オアフに渡った母方の親類を捜した。幸いにも連絡がついた。親類の女性は重箱のごちそうや、古堅の要望に応えて英和辞典を差し入れた。

十月、フィラリア病を患う捕虜の沖縄帰還が始まった。望郷の念を募らせていた古堅もいち早く帰りたかった。米軍用機の清掃を担い、沖縄からの飛来機も任されていた。「このまま機内に隠れたら沖縄に戻れるだろうか」。そんな衝動に時折襲われた。

結局、古堅が沖縄に戻ったのは四六年十月。収容所生活は約一年四カ月にも及んだ。

## ■解放と再会

「あなたを探している人がいる」。四五年末、儀間昇に届いた知らせだ。ハワイに移送されてから半年になろうとしていた。その日は配給係を公園清掃の作業と交換し、待ち合わせ場所のアラモアナ公園に向かった。現れたのはオアフに移民した親類だった。

沖縄戦に従軍した兄の真栄は、昇がハワイ移送されたことを知ると、マウイ島に暮らす両親に手紙でそのことを伝えた。親類は両親の頼みで昇に会いに来たのだ。

昇の無事を直接確認できたハワイの家族、親類は日本領事館を通じて、昇は米国市民権を持つと米側に伝え、その解放を求めた。

ホノルルで開業医だった、おじの真福が両親に代わって再び奔走した。ハワイから沖縄に移り住んだ昇が県立第二中学校へ入学する直前の四一年、入学資格要件の日本国籍がないことが発覚した。その時も真福は昇の出生証明書をハワイから沖縄に直接届けた。

米軍は昇を再度尋問した。「天皇をどう思うか」。神の国と信じた日本は敗れた。皇民化教育の洗礼で培われた昇の価値観はすでに崩れ去っていた。思想調査に対し、当たり障りのない答えを返した。

すぐにハワイの家族の元に帰ることができると思ったが、調査は半年に及んだ。ハワイ到着から約一年後の四六年六月、昇はようやく解放された。

マウイに暮らす両親がオアフまで迎えにやってきた。十八歳になった昇と十二年ぶりの対面だった。

母光子は昇を力強く抱きしめ、涙を流した。年老いた母。昇は十二年の年月を実感した。言葉に詰まったのか、父真祐は終始無言だった。四歳の妹信子は、初めて見る兄の顔をまじまじと見詰めた。

生まれ故郷のマウイ島には飛行機で戻った。サトウキビ耕作地で働く移民たちの居住地、スプレックルズビルに実家は構えられていた。

家族だけでなく、多くの県系人が昇を待っていた。誰もが戦禍の沖縄の様子を聞きたがっていたのだ。その夜、昇は沖縄戦の体験を語り、県系人らは車座で聞き入った。

昇の解放は現地の邦字新聞各紙でも取り上げられた。「布哇《ハワイ》タイムス」は昇がマウイで語った次の言葉を掲載した。

「嬉しい中にも沖縄に残せし　祖母様の身の上が案じられ夜も眠れぬ思ひがします　早

【二】 一九四六年六月十四日

捕虜生活より解放されて

# 親子 十二年振りの 對面

## 喜びの儀間昇青年

【馬哇支局發】馬哇スペクルス三番、眞栄城沖縄縣島尻郡玉城村出身儀間眞助氏の三男昇君が去る本月八日許されて監獄所を出所せし事は所報の通りであるが愛兒出迎えのため出府中の儀間氏は父子相携えて本月十一日午後一時半宿の飛行機で無事に歸島した、約十二年振りに父子兄弟の對面、親子的感激の其の場面、人生否情の發露――其の瞬間儀間の人々も思はず目頭のうるむを覺えた、儀間青年の戰争に九死に一生を得た沖縄戰の思ひ出は口を緘にして語らず、一九二七年九月カフルイにて出生、六歳の時父に伴はれて日本に行き郷里の少學校を經て那覇の縣立二中（第二中學校）の四年に席を置いてゐた事より銃り、今回の戰爭で昨年の六月布哇に護送されオアフの收容所にありしが約一年振りに出所を許されし二年振り懐しき父母兄弟の許へ歸つて來ました、おぼろけながらも幼な時代の記憶が今眼前に開けて行く懐しさ、カフルイの廣闊の白波、日の宮山やイアオの山姿は繪の如く美しく蘇生忘れ難き思ひ出の種です、懐しい中にも沖縄に殘せし祖母樣の身の上が案じられ夜も眠れぬ思ひがしますが早く明るい平和の日が訪れ祖母の安否が知りたいものです、これより當地の小學校へ入學して英語の勉強をしたいと思つてゐます云々の抱負等を語つた

より午後三時迄の通行を六十分間に一回又は五十分間に一回に變更する

木村秀二氏

## 二十通の日本手紙

### 當地赤十字社へ到着

萬國赤十字社を通じ二十通の日本手紙が當市ホテル街五八七米國赤十字社布哇支部へ到着した、左記の諸氏は同所へ來る十七日より二十一日の間午前八時より午後五時までの執務時間に受取りに行かれたし

# 警察非常警戒

捕虜収容所から解放された儀間昇が12年ぶりに母親らと対面し、マウイ島に帰郷したことを伝える邦字新聞「布哇タイムス」（仲程昌徳さん提供）

く明るい平和の日が訪れ祖母の安否が知りたいものです」

昇は沖縄に関する情報をハワイの親類から聞いていた。祖母と玉城村親慶原の親類は戦禍を逃れて無事だったが、祖父は亡くなったと知らされた。

昇の解放から、さかのぼること約二カ月前。沖縄戦に従軍した真栄も任務を終え、ハワイに帰還していた。その際、叔父・真福の案内で邦字新聞「布哇ヘラルド」の事務所を訪問し、沖縄の様子を記者に伝えた。同紙

FRIDAY, APRIL 12, 1946　THE HAWAII HERALD

布哇日系通譯兵六名
沖繩から歸還
出征以来一ヶ年振りに凱戦

想像以上の荒廢
民家は殆んど無い

通譯兵としての
沖繩に於る任務

兵士と住民との
交際は出来ない

學業復興

四年振りの
盆丘十字架

酒場の未成年者使用は厳禁

目標額に到達
赤十字基金募集

新ラヂオ放送局
當地に開設許可

オシアニック

沖縄戦に従軍した県系米通訳兵の帰還を伝える1946年4月12日付の邦字新聞「布哇ヘラルド」。紙面写真の右から2人目が儀間真栄（仲程昌徳さん提供）

は真栄ら日系通訳兵六人の次の証言を掲載した。

「沖縄の荒廃ぶりは全く想像以上だ。民家はほとんど皆無といってよいくらいだ。将来が不安だ」

■市民権放棄

「わっしょい、わっしょい」。日本語の掛け声が早朝のツール・レイク収容所（米カリフォルニア州）に響き渡る。声の主は走り込みをする日系人たちだ。祖国日本の勝利を信じ、「帰国」の時に備えて鍛錬を毎朝欠かさなかった。夏には日差しが照りつけ、冬には雪が降り積もる砂漠気候の中で、過酷な収容所生活を強いられていた。日米開戦後、米政府は県系人を含む日系人を「敵性国人」とみなした。戦争捕虜（PW）でないにもかかわらず、全米十カ所の収容所に日系人約十二万人を閉じ込めた。その中でもツール・レイクは「不忠誠組」だけを集めた施設だった。帰米二世の金城秀夫の姿もあった。金城はホノルルのサンドアイランド収容所、ユタ州のトパーズ収容所を経て四三年、ツール・レイクへ移送された。自由の国と言われた米国に自由を奪われ、二年以上がたっていた。

各収容所では一定程度の自治が認められ、人々はスポーツ、絵画などを楽しめた。金城も絵画や音楽、野球に興じ、収容所暮らしの不自由をまぎらわした。収容所を運営するため、人々はもともとの職業に沿って医師や教員などの仕事を割り振られた。低額だったが賃金も支払われていた。とはいえ、ツール・レイクには不満が次第に渦巻くようになった。収容期間の長期化、収容所係官による食料横流しや強圧的な態度が反発を招いた。最大時約一万八七八九人（四四年十二月）も収容し、過密化した環境への改善を求める声も強まった。やがてデモ隊は鉢巻き姿でデモ行進し、不当な扱いに抗議した。デモに金城も加わった。

事態を重視した米政府は軍を介入し、デモを鎮圧した。軍はデモのリーダーをハワイからの日系人と疑った。夜、軍は金城らハワイの人々が休んでいた宿舎を突然訪れた後、銃を突き付けて営倉に連行した。懲罰の一環として金城らは真冬の屋外にも二〜三時間立たされた。手足は凍り付き、しばらく感覚を失った。

これに対し、ハワイの人々は断食ストライキを営倉内で実行し、抵抗の意思を示した。断食したのは戦時下の住民保護を定めたジュネーブ条約に反する行為となり、米軍を追い詰められると考えたからだ。金城も水だけで一週間を過ごした。

しかし、抵抗はあっけなく終わる。断食を呼び掛けたリーダー格の一人が、つまみ食いしているという話が出回った。「ばからしい」。金城は断食をやめた。

四五年八月、二三歳の金城はツール・レイクで終戦を迎えた。

さかのぼること一年余り前の四四年七月、米政府は日系人排斥を念頭に置いた国籍離脱法を発効した。同法成立の背景には排日勢力の強硬な働き掛けがあった。市民権を放棄できる制度が整うと、ツール・レイクでは係官が日系人二世に放棄を促していった。

日系人のうち日本の勝利を信じていた、いわゆる「勝ち組」はあらがうことなく、逆に周囲に放棄を勧めた。市民権をもともと持たない一世を含め、米国に対する失望と反発から日本に引き揚げることを望んでいた。結果的に米国内の排日勢力の思惑通りとなり、収容者の大半が放棄した。

収容所の仲間が金城にも放棄を迫った。「それでも日本人か。日本に帰った時、ひどい目にあうぞ」。脅しに近かった。金城も米国への忠誠登録を拒否したことで、米国に残ることができるとは考えていなかった。ハワイで暮らしていた時、日本語を話せないと県系人はからかわれ、日系社会で差別的な扱いを目の当たりにしたことも脳裏によぎった。金城は放棄した。

一方、周囲に流されず、放棄をしなかった日系人もいた。放棄した人は「裏切り者だ」と冷ややかな視線を送ったが、金城の目には意思を貫く「勇気ある人」の姿にも映った。

「放棄」の有無はやがて分かれ目になった。市民権を放棄しなかった一部日系人の出所は四四年末までに始まった。

放棄した日系人の場合、日本への引き揚げ希望者は終戦後に解放された。

ところが金城のような「米国生まれの外国人」は行く当てがなかった。そのまま収容所にとどまるしかなかったのだ。

金城の父と母は離婚し、母は沖縄に暮らしていた。しかし、遠いカリフォルニアの地で母の情報を得る手段があるはずもない。父と兄が暮らすホノルルに戻ることが現実的だった。いち早く解放された日系人がうらやましく、市民権を放棄したことを金城は後悔した。

終戦が見え始めた四五年夏には、市民権離脱の無効性を主張する声が米国内で噴出していた。同七月、市民権離脱者に対する送還命令の停止、市民権回復を求める訴訟もサンフランシスコの連邦地方裁判所で起こされていた。

そして四六年三月、ツール・レイク収容所は閉鎖された。収容所を去るハワイの仲間と金城は寄せ書きを交わした。

金城はツール・レイクから司法省管理のテキサス州クリスタルシティ収容所を経て、四七年までにニュージャージー州のシーブルック農場に移送された。シーブルックでは農場から十六マイル（約二六キロ）の距離まで自由な移動を許された。監視もない。逃げることも可能だったが、そうしたところで、やはり行く当てがなかった。「半収容所」の農場では野菜を洗浄する仕事を任された。時給は六七セント。白人は五セント高く、黒人は五セント低かった。

米当局は「外国人」の金城らに国外退去を迫ることはなかった。だが、米本土へ無理やり連行したにもかかわらず、ハワイへの帰路を自費で賄うよう金城らに通告したのだった。

シーブルック農場は農産物を米軍に納品するなど軍と取引関係にあった。当時、労働者不足の課題を抱えていたシーブルックは行き場に困った日系人を労働力として引き受け、対価として家屋と賃金を与えた。金城もここで身銭を稼いだ。

金城のハワイ帰還が正式に認められたのは、四七年の秋を迎えたころだった。収容される前の貯金も使い切り、金城は十二月、ハワイ行きの飛行機に乗った。

飛行機の窓からホノルルの夜景が見えてきた。日米開戦直後の灯火制限はとうに解除され、街はまばゆい光を放っていた。約五年ぶりに帰ってきた街は美しく映った。「きれいだな」。思わずそうつぶやくと、将来に対する不安だらけの心が少しだけ楽になった。

ツールレイクの仲間たちが記した寄せ書きを持ち帰った。ページをめくると、こう記されていた。「頑張って　頑張って　最後まで頑張るんだ」

# 望郷　米軍入隊　1946〜1947年

一九四六年六月、捕虜の儀間昇（二〇）は捕虜収容所から解放され、ハワイに移民していた両親、きょうだいとマウイ島で新たな暮らしが始まった。それは沖縄戦体験者の中でも、特異ともいえる新たな戦世への始まりでもあった。

「米国市民として暮らしていくためには義務も果たさなければならない」。家族はそう告げると、解放直後の昇に対する米軍徴兵登録の手続きを進めた。当時、十八歳に達した男性の徴兵登録は法律で義務だった。マウイ島で生まれた昇は米国市民権を持っていた。いざとなれば米軍の号令に応じ、兵役に応える必要があると家族は説明した。

十二年ぶりのハワイで右も左も分からない昇に、考える時間と疑問を挟む余地はなかった。徴兵登録証を受け取った。それは昇が米国市民であることを示す身分証にもなった。

ハワイで始まった新生活が始まると、再び直面したのは言葉の壁だった。昇は英語をすっかり忘れていた。六歳でハワイから沖縄に移り住んだ状況とは真逆だ。六歳の昇は英語を話し、周囲が話すウチナーグチを理解できずに戸惑った。成年に達した今、再び言葉の壁を乗り越えるには前回以上の時間と労力を要した。

昇のきょうだいをはじめ、周囲の同世代との会話はもっぱら英語だった。マウイ島内の高校へ入学しようとしたが、英語を話せないことを理由に入学も断られていた。昇は周囲と意思疎通をできず、疎外感が膨らんでいった。

マウイにいる間、昇は邦字新聞「マウイ新聞」で働いた。活字を植字する仕事を任され、暗い作業場で印刷機器と向き合う生活を約一年続けた。このころ昇の視力は急に悪化し、眼鏡を掛けるようになった。日米開戦後の沖縄では灯火制限が実施され、昇は薄暗い中で本を開き、勉強した。その影響もあったのではないかと思えて仕方なかった。

米軍入隊前とみられる儀間昇。このころ、視力が落ちた＝1946ごろ(本人提供)

四七年、昇は捕虜として過ごしたオアフ島ホノルルに再び渡った。家族に甘えることのできる環境から離れ、英語力を高めるためだ。そして、のちの人生を大きく左右する出会いが待っていたのだった。

「英語を学ぶため一番良い方法は何だと思う？　それは米軍に入ることだ」

ホノルル市内の英語学校で、同じ教室に通うジョージ安里が昇に切り出した。安里も幼少期を沖縄で過ごし、ホノルルに戻った二世だった。安里は県立第一中学校に通い、沖縄戦も体験した。学年は一つ下に当たる。似た境遇の二人は英語学校で出会い、身の上を語り合うと、気が合った。

米陸軍は軍情報部語学学校（ＭＩＳＬＳ）を設置し、語学兵、通訳兵を養成していた。英語を得意とする日系人、県系人の二世は日本語を、逆に日本語を得意とする二世は英語を重点にそれぞれ学ぶことができた。通訳兵は昇の兄真栄（二二）のように沖縄戦に従軍したり、終戦後は連合国軍の占領下の日本本土や沖縄に配置されたりした。

安里が続けた。「給料を得ながら英語を学ぶこともできる。通訳兵になれば沖縄に帰れるはずだ」

安里の誘いに昇は大きく揺さぶられた。祖父母と昇の三人で暮らした玉城村親慶原の情景が目の前に浮かんできた。祖父母は親元を離れた昇をさみしがらせないよう愛情を注いだ。祖母マカトが作る鶏肉と野菜のスープは昇の一番の好物だ。祖父真常は沖縄戦の最中、病死したと聞いた。一人になった祖母はさみしい思いをしていないか。あのスープも、もう一度作ってほしい。いとこや友は無事か。沖縄が恋しい。

戦禍による沖縄の惨状はハワイや米本土の移民らにも知れ渡っていた。ハワイの邦字紙は、「目をふり向ければ三つに仕切られた全石造のフル（豚小屋）に豚の子一匹居ない」と紹介した。沖縄の食文化の象徴である豚が姿を消したという内容に、県系人は大きな衝撃を受けた。県系人を中心とした複数の団体は郷里を思い、「救済運動」を展開した。四五年十一月に設立された「沖縄衣類救済運動委員会」の呼び掛けで、衣類約九〇六トン分が約二週間で集まった。衣類やほかの物資も各団体を通じて集められ、米海軍に移送協力を取り付けて沖縄に届けた。

食料不足も支援しようと、ハワイ連合沖縄救済会が四七年に設立された。親豚を購入する寄付金約五万ドルを集めた。翌四八年、選抜された七人がオレゴン州ポートランドで五五〇頭を購入し、一カ月の航海を経て沖縄に届けた。豚は四年で十万頭に増えた。

四九年には「山羊を送る会」が結成され、同じく募金をして、栄養失調に苦しんでいた沖縄の児童を救おうと乳ヤギ七〇〇頭と衣類や医薬品が沖縄に贈られた。

ホノルルに戻った昇も午前中に英語学校へ通い、昼すぎから夜まで飲食店「ホノルルカフェ」で皿洗いとして働いた。稼いだ金は生活費と学費に充てたが、余裕がある時は支援団体を通じて沖縄の親類に寄付したこともあった。

昇が沖縄で見た最後の光景は焦土と化した街並みだ。昨日のことのように焼き付いていた。学徒兵として米軍に銃口を向け、米軍の攻撃で仲間の日本兵は息絶えた。ためらいはあったが、「沖縄に帰りたい」という気持ちが上回っていた。昇は米軍入隊を決意した。


昇と安里はホノルル市内の米軍の新兵勧誘事務所を訪ね、新兵の申込用紙を提出した。採用担当者は昇ら二世の来訪を歓迎し、笑顔で説明した。「軍の語学学校に進む前に、十三週間の基礎訓練に合格しなければならない」

四七年十一月、昇と安里は基礎訓練に参加するため、オアフ島の米軍基地スコーフィールドに召集された。ところが訓練の直前、安里だけが引き返すよう言い渡された。

当時の兵隊募集年齢は十八〜三九歳。安里は十八歳に達していないにもかかわらず、沖縄に戻りたい一心で、年齢を偽って申し込んでいたのだ。安里は直前で門前払いとなり、昇だけが入隊した。

ところで、米軍は昇の身辺を入隊前に調査していた。通訳兵は軍の機密情報を扱う。米陸軍の情報機関、対敵諜報隊（CIC）が昇の親類に接触して調べていた。

CICの調査担当者はチャーリー・サイトウという名で、帰米二世だった。サイトウは昇よりも十歳ほど年上で、戦前は日本の大学で学んだ経歴の持ち主だった。昇の親類とサイトウは昇の入隊以前から知り合いだった。その偶然も重なり、昇はサイトウが自らを調査していたことを知るが、それは十数年先のことだ。

のちに安里も米軍軍属となる。昇とサイトウ、安里はその後、沖縄の同じ部隊に配属されることになる。

昇はスコーフィールドで銃を受け取り、真新しい米軍服の袖に腕を通した。沖縄で日本軍から軍服と銃を受け取った日から、二度目の夏が過ぎ去っていた。

## 岐路　渡米　1946〜1951年

### ■呼び寄せ

一九四六年春、首里高校。黒板に向かう生徒のいでたちは、草色やカーキ色の米軍服や、背中に「ＰＷ」と記された戦争捕虜服だった。戦火で衣服を失い、収容所から解放された生徒らにとって、これらが学生服代わりになった。その中に県立第一中学校の元学徒兵、喜舎場朝介（一六）の姿もあった。

首里高校を卒業した年とみられる喜舎場朝介＝1947年ごろ（本人提供）

沖縄戦で負傷し、捕虜になった喜舎場は宜野座の米軍野戦病院に二カ月入院した。四五年秋ごろ、中部の具志川村塩屋付近の収容所に保護されていた祖母の川平ツルと再会した。祖父の朝皎《ちょうこう》は戦禍によって命を落としていた。

喜舎場と祖母は四六年三月までに、かつて家を構えていた南部の首里市に戻った。首里は草木一つない焼け野原と化し、古都の面影は消えていた。屋根と柱、床を組み立て、布を張り付けただけの粗末な規格住宅が、首里に立ち並び始めていた。二人もそこで暮らした。頼りにしたい両親や兄は遠い米国本土へ移民していた。連絡を取りたくても手段を思いつかなかった。

首里高校は四六年一月に糸満高校首里分校として設置された。三月、一中を前身とする首里高として認可された。喜舎場は一中時代の同期生が首里高に通っていると知り、二期生となる三年生に編入した。七月、一期生が早くも卒業すると、喜舎場は最上級の四年生になった。六・三・三の学制が始まる前だった。

授業は天幕の下で実施された。一四〇人余の二期生全員に行き渡る教材はない。教師は被災を逃れた教科書を集め、黒板に内容を記した。生徒は米軍から流れてきた紙に写した。銃痕が刻まれた校舎の残骸、やぶには日本兵の白骨遺体が依然として横たわっていた。

ある日、学校は一期生から進路希望を聞き取った。男子の人気を集めたのは米軍基地内の調理人や運転手、女子は基地内のウエートレスだった。いずれも当時、高給とされた。その結果を聞き、喜舎場はむなしくなった。「選べる仕事が限られている」。旧一高への進学、陸士や海兵への入隊……。戦前、戦中に抱いた夢はついえたと、思い知らされただけだった。

四七年二月、喜舎場は首里高を卒業した。軍作業などを請け負っていた米国企業A&J社で働くことになった。一中の同期生たちも勤めていた。

その人事課職員として、米本土から沖縄に赴任した移民二世の金城イサムが働いていた。知り合いになった喜舎場はある頼み事を金城に伝えた。「両親がロサンゼルスに暮らしているんだ。居場所を探せないか。連絡を取りたい」

期待した答えは、喜舎場の予想よりも早く届いた。偶然にも、喜舎場と金城それぞれの親が知人同士だったからだ。両親は金城を通じ、喜舎場に米国本土の所在地を知らせた。

すでに終戦から二年余が経過していた。移民二世の喜舎場も、米国市民権を持つ二重国籍者。「米国に呼び寄せてほしい」。両親に宛てた手紙に、そう記した。

「アメリカには学校も仕事もあるだろう。沖縄にいてもどうしようもない。行っておいで」。祖母はそう言い、喜舎場朝介の背中を押した。四八年十二月、喜舎場は真冬の太平洋を越えた。無事、カリフォルニア州に渡り、両親らと新生活を始めたのだった。

十八歳の喜舎場は英語を全く話せなかった。英語を身に付けるため、母の助言で日本人のいない現地の学校に入学した。学校はロサンゼルス郊外のパームスプリングにあり、日本の中学校に相当した。五、六歳下の同級生は、たどたどしい喜舎場の英語をからかうこともあった。悔しさを味わいながら、英語を必死に習得する日々が過ぎていった。

時間の経過と共に米国暮らしへの緊張の糸がほどけてくると、次第に違う感情がわき起こった。沖縄戦で命を落とした学友の顔が思い浮かぶ。一中の同期生一五〇人余のうち、約半数が沖縄戦で戦死した。喜舎場も七、八人を埋葬した。渡米前には埋葬した場所を友の遺族と訪ね、遺骨を掘り起こしたこともある。喜舎場の心に罪悪感が膨らんでいった。

「自分は今、友を殺した米国に夢を求め、暮らしている。このままでいいのか」。そんな自問自答を繰り返した。

神国日本、鬼畜米英。天皇のために命を懸けて戦い、米国に銃口を向けることをたたき込まれた。だが、信じたものは沖縄戦であっけなく崩れ去った。

「新しい時代になり、世の中の価値観が変わったんだ。自分が心変わりしたんじゃない」。葛藤する自分自身にそう言い聞かせるしかなかった。

五一年、二一歳になった喜舎場はロサンゼルス市立大学へ進学した。二年生の終わりにさしかかったころだ。ある通知を受け取った。前年、朝鮮戦争が始まっていた。通知は米軍への徴兵命令だった。

■戦後のハワイ移民

故郷の具志川村塩屋や見慣れた勝連城跡が徐々に遠ざかった。やがて沖縄本島は水平線の彼方に消えた。一九四八年四月、東恩納良吉(一二)は母ナエと三歳下の妹秀子と別れ、中城湾久場崎から船に乗った。目的地は父方の祖父が暮らすハワイだ。少年の心に不安やさみしさはない。未知への好奇心があふれていた。

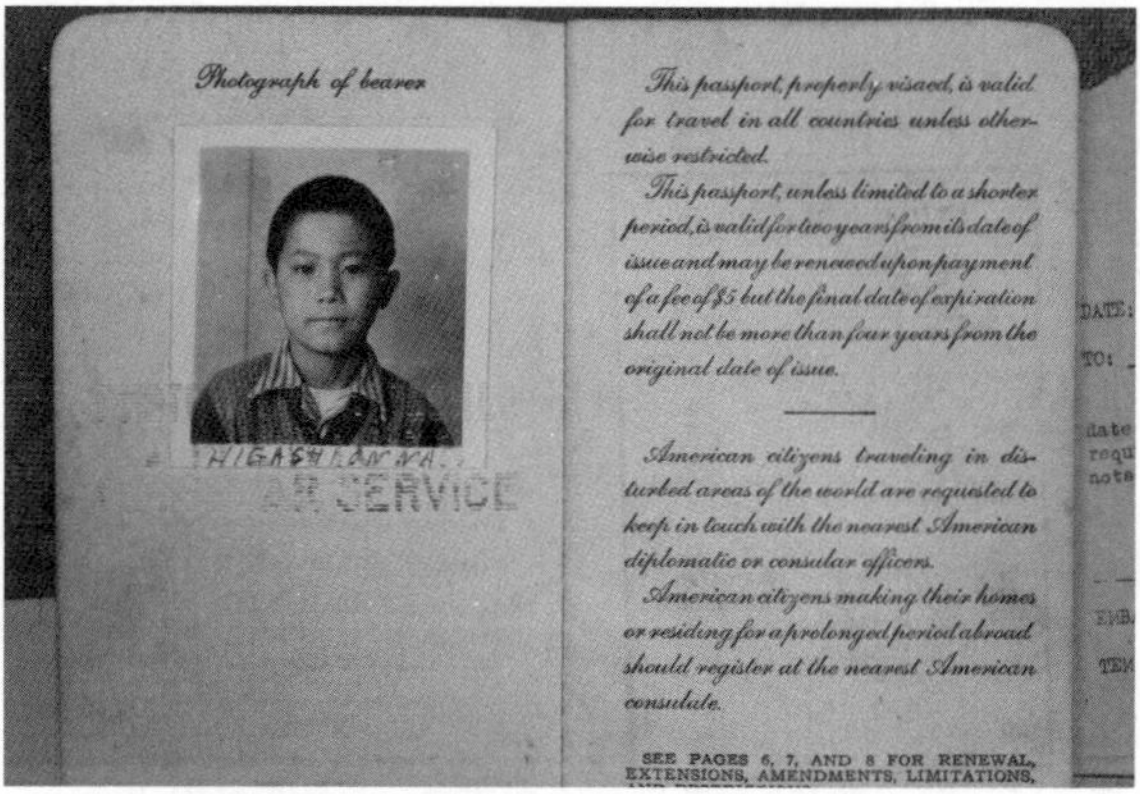

1948年発行の米国政府旅券に張られた東恩納良吉の写真

およそ二年半前、東恩納は避難先の北部で米軍に保護された。「帰米二世」の叔父、依次郎は米通訳兵として終戦直後の沖縄に駐留し、東恩納ら沖縄の親類を何かと手助けした。一方、日本軍に徴兵された帰日二世の父依繁は四四年、フィリピン沖で戦死していた。

ある日、叔父が母に切り出した。「沖縄での生活や教育は不安定だ。せめて子どもたちだけでもハワイに行かせたらどうだろうか」

叔父が調べると、三世に当たる東恩納と妹は米国市民権を持っていたことが分かった。四〇年、父はハワイから沖縄へ引き揚げた際、経由地の神戸にある米総領事館で、子どもたちの市民権取得の手続きを済ませていたのだった。

「米国のパスポートを発行できるぞ」。叔父が告げた。母は妹と沖縄に残り、東恩納だけを渡航させることを決めた。

高江洲初等学校の六年生だった東恩納は沖縄を旅立った。乗船した九八人全員が米国市民権を持っていた。母は同じ船でハワイに行く知人家族に対し、航海中の東恩納の世話を頼んでいた。船は横浜を経由し、ホノルルを目指した。ホノルルでは祖父が待っていた。

やがて成長した東恩納はハワイに妹、母親を呼び寄せた。そして東恩納自身は予期せぬ状況で沖縄に戻ることになるが、それはハワイに着いてから約十二年後のことだ。

## 帰還 CIC、引き揚げ者尋問 1946〜1949年

### ■舞鶴

「吸うかい」。差し出された一本のたばこ。火をともすと、復員兵は目を閉じ、おそらく数年ぶりとなる煙を味わった。たばこを渡した大城義信（二〇）が対面に座り、復員兵の様子をじっと見詰めた。一九四八年、日本海に面した京都・舞鶴港の尋問室。沖縄県系二

世の大城は米陸軍対敵諜報隊（ＣＩＣ）の情報兵として、シベリア抑留から解放された復員兵や日本の元占領地からの引き揚げ者に対する取り調べを任されていた。

四五年八月、対日戦に参戦したソビエト連邦は満州や朝鮮半島で捕らえた日本兵をシベリアなどに送り、森林伐採などの強制労働を課した。ソ連は社会主義を第一の理想とする思想教育を収容所で行い、同調者から優先して解放した。一方、ソ連と対立の一途をたどっていた米国は、ソ連に解放された復員兵が日本で社会主義思想を広め、スパイとして活動することを警戒した。日本を占領統治していた連合国軍（ＧＨＱ）の主体だった米軍は、舞鶴港にあふれるシベリアからの復員兵に対しても警戒のまなざしを向けた。その警戒に当たる兵士の中に、大城も含まれていた。

ハワイで生まれ育った純二世の大城は、日本敗戦から一年余が経過した四六年九月、米軍に入隊した。南風原村から移民した両親はオアフ島・真珠湾近くのエワ耕地で働き、五男の大城を含め九人の子を育てた。日米開戦の口火を切った四一年の真珠湾攻撃では、大城も飛び交う日の丸の戦闘機を目撃した。

大城は大学進学を望んでいたが、学費を工面する余裕はなかった。入隊は軍の奨学金制度の利用を見据えてだった。

基礎訓練を終えると、ハワイからの三〇〇人を含む米兵計二千人を乗せた船で日本に渡った。

日本語の会話は片言、筆記はカタカナとひらがなを少し書ける程度だが、情報兵六〇人の一人に選ばれた。

東京の日本郵船ビルやキャンプ王子で、日本語を約三カ月学んだ。日本郵船ビルには検閲や諜報を扱う参謀第二部（G2）の主力部隊も事務所を構えていた。それからCIC四四一部隊の情報兵として、最初は神戸に配置された。

復員兵や引き揚げ者に加え朝鮮人や中国人、欧米人など在留外国人も尋問した。神戸の事務所には将校二人、二等兵の大城を加えた日系兵十人ほどが所属し、通訳者として雇われた元日本兵もいた。

神戸で約一年二カ月を過ごした後、舞鶴へ赴任した。日本海軍の船などに乗せられた復

米陸軍対敵諜報隊（CIC）の情報兵として舞鶴に勤めていたころの大城義信（右）＝1947～48年ごろ（本人提供）

員兵は数千人単位で帰国した。大城らは一部を抽出して尋問した。問題ないと判断した場合は一人当たり約十分の調べで済むが、怪しいとにらんだ場合は時間を割いた。

満州に駐留した関東軍における役割やシベリアの状況、日本での帰郷先などを質問した。中には敵意や怒りをあらわにする復員兵もいた。そういう相手には、たばこを与え、その気持ちを落ち着かせることも一つの手だった。

尋問役は顔が日本人の大城ら二世兵で、このうち四～五人が尋問を担った。白人の米兵は主に事務方だった。ＣＩＣの要員は移動も、任務中も、ほとんど私服だった。仕事終わりには街中にそのまま繰り出した。日本語の会話がたどたどしいため、地元の人間には米兵とすぐに気づかれた。

尋問された復員兵には「もういらない」とルーブル紙幣を手渡す者がいれば、あからさまに社会主義への傾倒を口にする者もいた。要注意人物と判断した復員兵については、東京の四四一本部や帰郷先となる地方のCIC本部に報告した。要注意人物の照会や捜索の指示を受けることもあった。

■眼鏡

大城は一九四七年、休暇を利用して沖縄を初めて訪れた。軍服に身を包み、那覇飛行場に降り立った大城の前には、依然として荒廃した景色が広がっていた。

父豊行は当初、大城の米軍入隊に反対した。大城より三歳上の兄、武一も第二次世界大戦で欧州戦線に送られていた。これ以上息子を戦場に送りたくなかったのだろうか。父は「勉強しろ」とも言った半面、大学進学を望む大城の学費を工面することはできなかった。奨学金を見据え、入隊しようという大城に対し、それ以上は強く言えなかっただろう。また、両親は沖縄で暮らす親類の安否も気にしていた。日米開戦後、沖縄と連絡は途絶えて

初めて沖縄を訪問し、祖母と初めて会った大城義信（左）＝1947年（本人提供）

いた。「入隊したら沖縄に行き、会えるかもしれない」。大城はそう説得し、入隊していた。

大城は那覇飛行場からヒッチハイクで米軍車両を乗り継ぎ、移動した。二日かけて親類が暮らす南風原村に着き、目的地の前に立った。白髪で腰の曲がった女性が近づいてきた。

「義信か」。先に気づいたのは祖母マカだった。戦前に郵送された写真で、祖母はハワイの孫たちの顔を知っていた。「はい」。大城は日本語で返した。

祖母はウチナーグチだけを話し、大城は言葉の大部分を理解できなかった。それでも、二人は抱き合って対面を喜んだ。母の姉一人が沖縄戦で亡くなっていたが、ほかは無事だった。ハワイの家族が喜ぶ顔を思い浮かべ、大城はうれしかった。

初めての滞在は十日間過ごし、このうち南風原村の親類宅で四日を過ごした。その間、一人の男性が大城に会いたいと訪れてきた。

男性はかつて南洋テニアンへ出稼ぎ移民し、そこで日本軍に徴兵された。その後、捕虜としてハワイ・オアフ島に送られた。「君の両親に買ってもらったものだ」。男性が笑顔で見せたものは眼鏡だった。

母は沖縄出身者を集めたオアフの捕虜収容所を訪れる度、顔見知りを捜した。南風原村出身の捕虜を見つけ、故郷の情報を得ようとしたのだ。面談の機会を得るため、警備に当たる米兵にも飲食物やアルコールなどを時折渡し、捕虜にも差し入れを贈っていた。

捕虜だった男性も母と知り合いになり、眼鏡をなくして困っていると伝えた。母からそのことを聞いた父が眼鏡を購入し、男性に与えた。

男性は当時をうれしそうに振り返り、大城に感謝の言葉を伝えた。大城はその話を聞き、ただ、うれしかった。缶詰などの食料品を祖母らに届けた後、沖縄を離れた。

大城はＣＩＣとして日本に約二年六カ月駐留した。その間、沖縄出身の復員兵を舞鶴で調べたこともあった。「僕の名は大城。沖縄出身だから安心して」。沖縄本島南部の出身という男性は驚きを隠せなかったが、大城が訪れた沖縄の様子を伝えると、男性は一気に安堵の表情に変わった。大城が続けた。「頑張って。今度は一緒に平和な沖縄をつくろう」

## 進駐　ソ連情報収集　1947〜1950年

■ALS

一九四七年十二月、沖縄への望郷の念を募らせた儀間昇（二〇）は「米兵になれば沖縄に帰ることができる」と考え、米軍に入隊した。マウイ島に暮らす両親には、手紙で知らせた。昇の気持ちをおもんぱかってか、両親は反対しなかった。

オアフ島スコーフィールドでの基礎訓練に参加した。銃など武器の扱い方、軍隊儀礼、野営技術などを十三週間かけて学んだ。県立第二中学校時代の軍事教練で体に染み込んだ動作と、米軍式の基礎訓練の動きが自然と重なった。号令は異なるが、行軍の方法など共通点は案外多い。昇はそう感じた。

新兵に渡された米軍の銃は日本軍の銃身よりも短かい。身長約一五八センチと、小柄な昇にも扱いやすかった。

行軍演習では山中を休む間もなく走り抜けたり、野営したりした。約二年半前の沖縄戦で、玉城村から真和志村天久に移動した記憶がよみがえった。米軍が弾雨を降らす中、昇は行動を共にした古賀大隊から後れないよう、隊列に必死で食い下がった。

米陸軍語学学校（ALS）に入学前の儀間昇（中央）とハワイの日系米兵ら＝1948年、米国カリフォルニア州ピッツバーグ

それから二年半後、まさか米兵として行軍しているとは。この「未来」を、昇はみじんも想像できなかった。

基礎訓練を終え、北米大陸に初めて渡った。カリフォルニア州モントレーの米陸軍語学学校（ALS）に入った。沖縄戦に従軍した兄真栄のように、日系兵の大半は日本語を学んでいた。これとは逆に、英語に比重を置いて学ぶ日系兵は、昇を含め少数だった。

日本語能力が優秀と判定された者は最短の

六カ月、読み書きと会話を多少できる者は九カ月、全くできない者は十二カ月の履修期間コースにそれぞれ配置された。昇と同時期の入学者は約五〇人。このうち昇ら十人ほどが六カ月コースだった。

日系兵や軍属が教官となり、英語のほか米国の風習、文化を教えた。昇は雑誌「リーダーズ・ダイジェスト」をテキスト代わりに読みふけった。

四八年十月、ＡＬＳを卒業した。昇は優秀成績者二人のうちの一人に選ばれた。卒業兵は通常伍長に昇級するが、優秀成績者は軍曹の階級を与えられた。ただ、昇は少し憂うつだった。卒業後の日本配属はすでに決定している。軍曹になれば、移動の際の引率責任者を任されることが決まっていた。周囲には昇より年長もいる。「僕はリーダーって柄じゃない」。昇は面倒な役を押し付けられたと思い、気が重かった。

■日本へ

一九四九年一月、米兵・儀間昇は日本に駐留した。ハワイからフィリピンを経由し、日本上陸前に中国・青島に寄港した。毛沢東率いる共産党、蒋介石率いる国民党の対立で中国は内戦状態に陥っていた時期だ。寄港は中国から退避する米国人を救出するためと知らされた。その前年、朝鮮半島で韓国、北朝鮮の両政府が成立した。欧州ではドイツ、ベルリンを主な舞台とし、東西冷戦の緊張が高まっていた。

昇は来日直後から約三カ月間、連合国軍総司令部（ＧＨＱ）が接収した東京の日本郵船ビルに滞在し、日本語や日本文化を学んだ。日本に集められた米陸軍情報部（ＭＩＳ）の兵士はＧＨＱ翻訳・通訳業務部（ＡＴＩＳ）の管理下とされたが、実質は対日戦で勝利した米軍の指揮下にあり、日本で情報収集任務に就いた。

郵船ビルにはＧＨＱの情報機関が事務所を構えていた。上層階は昇たちＭＩＳ兵の宿舎も兼ねていた。シャワーや食堂もあり、一カ月に数回は郵船ビルの警備任務もあった。

非番になれば街に繰り出した。日本の人々は占領者ＧＨＱを「進駐軍」とも呼んだ。米軍当局は指定場所以外での飲食禁止を兵士に通達していたが、昇とＭＩＳ兵の仲間は闇市を時折訪れ、飲み食いを楽しんだ。首都・東京の復興を肌で感じた半面、都心の郊外は依然焼け野原だった。

四九年夏、昇は舞鶴に異動した。シベリアからの復員兵を乗せた船が京都・舞鶴港に続々と到着し、下船した復員兵らを相次いで尋問していった。

書式に沿って「収容所の具体的な位置は」「ソ連は賃金を支払っていたのか」と質問した。ソ連内の地理や収容所の状況など全般的な情報を収集し、復員兵が情報に詳しいか否かを振り分ける「スクリーニング」の役割をMIS兵は果たした。復員兵が上陸しない日は、昇たちはソ連の地理などを学ぶ講義を受けた。

要注意とみなした復員兵については、さらなる尋問を米陸軍対敵諜報隊（CIC）が担った。ソ連の思想教育によって社会主義、共産主義に傾倒し、その啓発に取り組んだ復員兵はシベリアなどの収容所で「アクチブ」と呼ばれた。スパイ防止（防諜）を専門とした情報機関CICはアクチブの帰還を警戒し、帰郷先でも監視した。

昇は郵船ビルに配属されていた時、友人を通じてCICの所属兵と知り合った。MISと違い、CICは任務中も私服だ。共に繁華街に繰り出した時、憲兵隊（MP）が昇らMIS兵を街で見掛けると、呼び止めて宿舎に早く帰るよう指導した。ところが、CICは何ら指導されなかった。CICは専用の酒場も都内に構え、誘われた昇も行ったことがある。同じ情報兵とはいえ、CICは自由な裁量を与えられ、別格な存在だとの印象を抱いた。

四九年冬、昇は舞鶴から長崎県佐世保の米海軍基地にMIS付通訳兵として派遣された。米軍の警備艇に同乗し、GHQが定めた日本の漁業許可区域（マッカーサーライン）で違法操業する韓国漁船に対し、警告を発する役目を任された。

警備艇は九州沖、対馬海峡で任務に当たった。搭乗中は終始世界が上下に揺れた。昇は違法操業の韓国漁船を見つけるとマイクを握り、「ここは日本の漁業区域だ。区域外に戻れ」と日本語で警告するのが役割だった。

ほとんどの漁船は素直に従い、取り締まりで目立ったトラブルはなかった。それよりもきつかったのは、慣れない海上任務だった。一度出航すると帰港は三〜四日後。その間、荒波が昇の天地を揺らし続け、激しい船酔いに襲われた。帰港のたび、横浜のMIS人事担当部に電話をかけて異動希望を伝えたが、認められなかった。派遣期間は前任者と同じ約三カ月に及び、荒々しい波風にさらされ続けた。

それから約半年後の一九五〇年六月二十五日、対岸の朝鮮半島で新たな争いが勃発した。昇は再び戦渦にのまれていく。

## 朝鮮戦争 戦場再び　1950～1953年

### ■仁川上陸作戦

攻撃は突然だった。一九五〇年六月二十五日午前四時すぎ、朝鮮半島を朝鮮民主主義人民共和国（北朝鮮）と大韓民国（韓国）に分断する北緯三八度線。北朝鮮軍は十一カ所から越境し、進攻を開始した。砲火が闇夜を照らした。数百万人ともいわれる死者を出した朝鮮戦争を告げる号砲だった。

五〇年九月、米兵の儀間昇（二三）は九州沖に舞い戻った。約七カ月前、長崎県佐世保を拠点に韓国の違法操業船を取り締まる任務以来だ。佐世保から東京都港区の米軍通信施設バラックスに異動後、通訳任務を担いながら沖縄に帰郷する日々を待ちわびていた。その最中、朝鮮戦争が勃発した。昇は再び佐世保に移り、従軍に備えた。

開戦後、米国の呼び掛けで国連安全保障理事会が開催された。ソビエトが欠席する中、

朝鮮戦争に従軍した儀間昇。1950年ごろとみられる（本人提供）

安保理は北朝鮮の武力行使を侵略と断定し、即時撤退などを要請する決議を採択した。米軍を主力とする国連軍（十六カ国）が韓国軍を支援するため派遣されたが、北朝鮮軍の勢いを止められず、韓国軍と国連軍は朝鮮半島南端に追い詰められた。

国連軍の司令官マッカーサーは打開策として、ソウル西方の仁川から上陸した国連軍を南下させ、北朝鮮軍を挟み撃ちにする「仁川上陸作戦」を計画した。決行日は九月十五日。日本に駐留した米兵も多数動員され、昇は米軍第九軍団付の通訳尋問部隊に配備された。

仁川上陸作戦に合わせ、昇たち後方部隊を乗せた米軍艦船は佐世保港を出航した。船は暗闇の海を順調に進み、国連軍が掌握する安全地帯、朝鮮半島南端の馬山に到着した。上官が気を引き締めるかのように、昇たちに向かって言い放った。

「民間人と出会っても誰も信用するな。敵のスパイが潜んでいるかもしれない。住民全員が敵だと思え」

■二重通訳

米軍車両が朝鮮半島の大地を駆けていく。車列は米軍第九軍団付の尋問部隊だ。昇はハンドルを握り締め、景色を眺めた。大邱、大田などを通過して北上し、ソウルの手前まで進んだ。破壊された建物が次第に増え、路傍の住民は不安と物珍しげな視線を返していた。

「貧しいな」。昇の瞳には人々の服装や家屋は粗末に映った。太平洋戦争で荒廃する以前の沖縄よりも物資が不足し、生活水準も低いという印象を抱いた。

尋問部隊は隊長を含め、日本に駐留していた米陸軍情報部（ＭＩＳ）付の日系兵十五人で構成されていた。昇が舞鶴に駐留した時からの顔見知りも多かった。加えて現地で雇った韓国人の民間通訳者数人も従軍させた。

米軍は朝鮮戦争で、戦争捕虜を尋問する際、通訳者二人を配置した。一人は日本語に通じる韓国人、残る一人は日本語に通じる日系兵だった。北朝鮮軍の捕虜を尋問する場合、雇われた通訳者の韓国人が韓国・朝鮮語で捕虜と会話し、その内容を日本語で日系兵に伝えた。日系兵は聞き取った内容を英語に変え、報告書をまとめた。「二重通訳」の手間を掛けた理由は、韓国・朝鮮語、さらに中国語の通訳兵が圧倒的に不足していたからだ。

一方、日本の植民地だった朝鮮半島、中国では日本語を話せる人々も多かった。そこに目を付けた米軍は、多くの日系兵を朝鮮半島に送ったのだった。

「仁川上陸作戦」は狙い通りの結果となり、韓国軍と国連軍が攻勢に転じるきっかけになった。「祖国統一の好機」と捉えた韓国軍は三八度線を越えて反撃し、国連軍も続いた。十月二十日、両軍は北朝鮮の臨時首都・平壌を制圧し、中国国境と接する鴨緑江まで進軍して降伏を迫った。ただ、その先まではマッカーサーも見通せなかった。

二十五日、国連軍の越境を危険視した中国が朝鮮戦争に参戦した。朝鮮半島はさらなる流血で染まった。休戦協定が結ばれる五三年七月まで、戦闘や空爆が繰り広げられた。

昇たちの尋問部隊も平壌近郊まで北進した。国連軍が接収したビルを拠点とし、避難する民間人らを尋問して北朝鮮軍の動向を探った。

中国の参戦以降、慌ただしさが増した。十一月二日、中国と交戦した韓国と国連両軍は鴨緑江から南一〇〇キロ余に位置する清川江まで後退した。昇たちも平壌から撤退しつつ、十二月中旬まで三八度線以北にとどまった。

戦線から捕虜の移送も始まり、昇は中国人民義勇軍の捕虜を担当した。野営テントで中国語の通訳者を挟み、兵力や作戦の規模などを尋問した。捕虜のほとんどは素直に答えた。時折、日本語を理解できることを隠しているとみられる捕虜もいた。昇の初回の従軍は約一年二カ月に及んだ。

■反感

五三年一月、昇は通訳兵として二回目の朝鮮半島派兵を言い渡された。兵役は三年の契約期間があり、更新時期が近づくと米本国に一度帰還した。五〇年代、昇は米本国と日本、朝鮮半島の行き来を繰り返すことになる。

二回目の従軍も一年に及んだ。その間の五三年七月、国連軍と北朝鮮軍は休戦協定を結

朝鮮戦争に米通訳兵として従軍した儀間昇（奥右）。まき用の材木を切る中国人民義勇軍の捕虜たち（手前）を見ている。撮影場所は1951年ごろ、韓国大田とみられる（本人提供）

んだ。攻勢がめまぐるしく入れ替わった二年余前と違い、戦況は足踏みしていた。

　昇は二回目の従軍で、日本に対する朝鮮半島の人々の反感が以前の従軍時よりも顕在化していると肌で感じていた。五一年九月のサンフランシスコ講和条約調印後、日本と韓国は国交樹立に向けた交渉の席に着いた。日本による植民地時代の謝罪や補償をめぐり交渉は難航し、五三年十月に決裂していた時期だった。

　昇は日本語で言葉を返す朝鮮半島の住民には親しみを覚え、行動を共にした民間通訳者に対しても親日派だろうとみていた。しかし、好印象を感じさせた人々の対応は、昇を「日本人」ではなく「米兵」として見ているからではないか。そう考えた昇の脳裏には、沖縄で目撃した光景が浮かんだ。

県立第二中学校時代、昇たち学生は那覇港で日本軍の労務作業に駆り出された。現場には強制連行された朝鮮人も多数動員され、労働を強いられていた。日本による植民地政策、そして民族分断。朝鮮半島の人々が味わい続ける苦難を思い、昇の胸中は複雑だった。

米軍上層部はスパイを警戒し、住民と無用な会話を控えるよう指示していたが、停戦の雰囲気が高まると、米兵と住民が会話する機会は自然と増えた。住民が米兵相手に果物など食料を売る光景も見慣れてきた。昇は住民からリンゴを買った。南国育ちの昇にとって、リンゴを見るのは初めてだった。一口かじると、とても甘かった。

## ■徴兵

県立第一中学校の元学徒兵で、沖縄戦で多くの友を失った喜舎場朝介（二一）にとって、ルーズベルトとマッカーサーは憎き相手だった。沖縄戦の惨劇から六年が経過し、米国で暮らしていても、その嫌悪感は全く変わらなかった。それは生涯続く感情になる。

一九五一年、そんな喜舎場を米国は徴兵し、朝鮮戦争の戦場に送り込んだ。

五一年三月の米軍現役兵力は二九一万人で、朝鮮戦争開戦時から二倍以上になった。二重国籍者の喜舎場は同年に米通訳兵となり、戦世の奔流に再び放り込まれたのだった。

徴兵時はロサンゼルス市立大学の二年生。米兵になるとは夢にも思わなかった。「戦争に二度と行きたくない。けれど監獄入りは嫌だ」。あらがう気力はなかった。同じ大学に通う、日系人の学友たちも徴兵されていた。

基礎訓練を終えた後、米陸軍情報部（ＭＩＳ）に配属された。ワシントンに移動し、尋問方法など通訳兵としての訓練を受けた。

ある日、喜舎場は暗号文解読の訓練の際、配布資料に目を奪われた。暗号用乱数表は沖縄戦で見たものと同じだったからだ。軍発行の雑誌にも、クイズとして掲載される程度の暗号だったが、それでも「米軍は沖縄戦で日本軍の暗号を全て解読していたのか」と思わざるを得なかった。実際、米軍は四五年四月までに日本軍の暗号解読に成功していた。

喜舎場は日本本土のキャンプ座間、キャンプ・ドレイクに駐屯後、五一年十月に朝鮮半島に送られた。軍団付情報中隊の尋問班に配属された。日本語と中国語を扱える米兵がそれぞれ十人、韓国人の民間通訳者が十人ほど従軍した。

朝鮮戦争に従軍した米陸軍情報部（MIS）の日系兵たち。右端が喜舎場朝介。北朝鮮軍、中国人民義勇軍の捕虜の尋問を担った＝1951～52年ごろ（本人提供）

尋問班は後方部隊のため前線の戦闘に加わることはない。開戦から一年以上が経過し、戦況は足踏みしていた。班はソウルから北方約二〇キロの議政府に駐屯した。時折、地雷地帯を越えて北緯三八度線付近まで視察に赴いたこともある。

野営時は三八度線とは逆方向に車両を向け、駐車するよう指示された。敵が攻め込んだ場合に備え、いち早く南へ撤退するためだ。少年時代、日本の軍事教育によって「戦闘は勇猛果敢、常に攻撃精神をもって一貫すべし」と戦陣訓をたたき込まれた喜舎場にとって、米軍のこの指示は新鮮に映った。「日本軍よりは、随分ましだな」。そう思った。

米軍は毎月、一人にウイスキー一本を支給した。一人で消費できない喜舎場と仲間は酒蔵を設け、その場所の前で時折酒を酌み交わした。

少し酔っただろうか。沖縄戦で死んだ友の顔が浮かぶ。「死んだ連中に失礼かもしれないが、どうせ戦をするなら、やはり勝ち戦じゃなければならんさ」

尋問は徹底していた。前線付近の師団付情報部は拘束した北朝鮮軍、中国人民義勇軍の捕虜を二四時間以内に尋問した。敵の作戦と開始時刻、兵力数や武器といった戦力規模と配置、補給経路など緊急を要する情報を重点的に調べた。師団で調べ終えると、一つ上級の軍団（師団二〜三個分に相当）に捕虜を引き渡した。

喜舎場が配属された軍団の尋問時間は七二時間とされた。北朝鮮や中国国内の地理、兵士の士気や国民の雰囲気などの内部情勢、召集から戦場に動員される過程などを詳しく聞いた。さらには中隊長以上の指揮官の姓名、戦闘経歴や作戦手順なども聴取した。敵指揮官の思考傾向を分析し、次回の対戦に生かすためだ。軍団よりも上の軍司令部に送られる捕虜もいた。二重、三重に選別する緻密さだった。

「白人は目の色が違うので視野が狭い」「刀や銃は電波探知機に反応するから、わらで巻け」。沖縄戦で、日本兵は喜舎場に本気でそう話していた。情報不足、理解不足に基づく思考は、やがて疑心暗鬼を生んだ。「沖縄語を話す者はスパイだ」。日本兵は守るべき存在の住民を疑い、銃剣を向けた。「敵を知ることよりも憎むことだけを教えられた。戦う前から沖縄戦で日本は負けていたんだ」。喜舎場は米軍に身を置き、一層痛感した。

一方、朝鮮戦争で米軍も追い詰められていると感じていた。朝鮮語、中国語を分からない日系人を徴兵し、「二重通訳」を実施してまで、捕虜の尋問を任せていたからだ。

捕虜全員に同じ質問をすることで、つじつまが合わない場合、うそを見抜くこともできた。ただ、より詳細な情報を聞き出したい場合、二重通訳では追及が難しかった。尋問では捕虜の声の抑揚や調子、態度なども観察し、回答の信頼性を判断する。二重通訳だと捕虜の発する言葉そのものを理解できないだけでなく、細かいニュアンスにも気付きにくかった。「重要な情報を握る捕虜のサインを見逃していたのではないか。二重通訳では無味な情報ばかりが集まり、手応えがない」

喜舎場は朝鮮戦争に五カ月ほど従軍した。予期したように朝鮮戦争は泥沼化していった。

一九四八年に北朝鮮、四九年に中華人民共和国がそれぞれ成立し、五〇年に朝鮮戦争が起きた。共産主義勢力の拡大を警戒した米国は沖縄の長期保有化の方針を固め、四〇年代後半から五〇年代初め、本格的な基地施設の整備を始めた。沖縄戦以前に旧日本軍がしたように、米軍も沖縄を再び「不沈空母」と化した。

米軍は占領した旧日本軍中飛行場に新たな滑走路を整備し、嘉手納飛行場に造り替えた。B29爆撃機で構成される第三一六爆撃機グループが同飛行場を管理し、グアムや米本土からも移動した爆撃グループも続々と配備された。これらの所属機が朝鮮半島に出撃した。地上部隊の米陸軍琉球軍団（Ryukyu Command、略称ライカム）からも朝鮮に派遣され、沖縄は「太平洋の要衝」と称された。

五二年、喜舎場は休暇の許可を得て沖縄に帰郷した。渡米から四年ぶりだった。

喜舎場は米軍服の姿のまま、一中の友人宅を訪れた。突然の来訪者に友人の妹は慌てふためき、自宅内の友人の下へ走った。

「兄さん、大変だ。CID（米軍犯罪捜査部）が捕まえにきたよ」

友人は基地建設を請け負う会社で働いていた。喜舎場が帰郷した時期、友人は労働条件をめぐり会社と争議中だった。在沖米軍は基地存続に影響を及ぼすとして、労働運動にも目を光らせていた。妹は喜舎場を取り締まりのため訪れた米兵と勘違いしたのだ。

友人は喜舎場だと気付くと安堵《あんど》し、笑顔を見せた。

「えーひゃー、ちゃーなとーが（おお、どうしたんだ）」

沖縄の言葉が心地良かった。渡米した喜舎場が米兵になったという情報を旧友たちは知っていた。「なぜ米兵になった」と問い詰める者はおらず、再会を喜び合った。

翌五三年夏、喜舎場は兵役を終えた。

## APO・331　再び沖縄へ　1950〜1959年

### ■セキュリティー・クリアランス

一九五七年十二月、埼玉県の米軍キャンプ・ドレイク。米通訳兵の儀間昇（三〇）が受け取った異動命令書には「APO　331」と記載されていた。「APO」は「Army（アーミー）Ｐｏｓｔ（ポスト）Ｏｆｆｉｃｅ（オフィス）」の略で、「米陸軍郵便局」を意味した。数字は世界に散らばる米軍基地の駐留地を表す。「３３１」は沖縄だった。

昇は朝鮮半島に計三回赴任した。最初は朝鮮戦争が起きた五〇年、二回目は休戦協定締結前の五三年。それから長崎県佐世保と米ノースカロライナ州フォートブラッグを経て、五六年十月に朝鮮半島へ三回目の異動命令を受けた。いずれの期間も約一年だった。

沖縄への帰郷を望んでいた昇は、異動の意向調査に毎回「極東」を第一候補と書いていた。日本、沖縄に暮らす親類や友人との再会を待ち望む日系兵の間で、極東は人気だった。その希望がかなう条件として、朝鮮半島に一年間配置される人事が慣例だった。

昇は三回目の朝鮮半島任務で、韓国釜山の連隊級司令部に異動した。参謀第二部（Ｓ２）で「セキュリティー・クリアランス」の手続き、機密文書を管理する係だった。

「セキュリティー・クリアランス」とは秘密指定された軍事情報を扱える資格のことだ。秘密情報を含む任務の場合、兵士や軍属は取り扱い資格を必要とした。軍が身上や犯罪歴、思想などを調査し、問題なしと判断された米兵が資格保持者だった。調査は米陸軍対敵諜報隊（ＣＩＣ）などが担ったという。昇を含め通訳兵や通信兵は原則、資格保持者だ。昇は四八年の米陸軍語学学校時代に調査された。

兵士が新たに朝鮮半島へ異動すると、配属先の部隊は資格の有無を確認する。その確認窓口が昇の役割だった。関係機関をつなぎ、人事部に保管される資格証明書を発行した。

米軍の秘密指定情報は高い順からトップ・シークレット（機密）、シークレット（極秘）、コンフィデンシャル（秘）の三つに区分される。これに応じて取り扱い資格も三段階に分かれ、昇は「機密」まで扱えた。

文書管理係の昇は所属部隊に関する情報をほぼ確認できた。軍事演習などの情報が「極秘」や「秘」に指定されていた。朝鮮戦争の休戦協定締結から三年以上が経過し、北緯三八度線から遠方の釜山だったためか、「機密」に触れる機会はほとんどなかった。

サンフランシスコ講和条約と日米安全保障条約が五二年四月二十八日に発効した。講和条約三条によって、日本は連合国総司令部（ＧＨＱ）の統治から解放され、一方の沖縄は日本から切り離された。そして日米安保によって、米軍基地は日本と沖縄に残ることを可能にした。このうち、関東のキャンプ・ドレイクは日系兵の集合地点だった。

釜山からドレイクに異動した昇は人事係に売り込んだ。「私は沖縄語を話せるんだ」。沖縄を示す「ＡＰＯ　３３１」と記された異動命令を受けるまで、時間はかからなかった。

## ■金網の故郷

実は沖縄赴任が正式に決まったよりも三年半前の五四年夏、昇は沖縄への帰郷を果たしていた。二回目の朝鮮半島任務を終え、長崎県佐世保の米軍基地に配属されたころだ。約一週間の休暇を利用して福岡の空港から出発、那覇飛行場に降り立った。昇は九年ぶりに沖縄の土を踏んだ。

沖縄戦で捕虜収容所から移送される途中、爆撃で沖縄特有の石灰岩の地肌がむき出しになった光景を覚えている。この九年で、真っ白だった風景には緑が加わっていた。行き交う沖縄の人々を見詰め、その肌がやけに黒く感じた。

軍服姿の昇はヒッチハイクで、祖母マカトが暮らす玉城村を目指した。予告なしの帰郷だ。沖縄戦で昇が日本軍に従軍して以来、祖父母に会っていない。戦後は手紙のやり取りや親類を通じ、近況を把握していた。祖父真常は沖縄戦の最中に病死したと聞いた。

小学生のころの思い出がよみがえる。学校面談の場で、祖母は突然泣き出した。教師が昇の成績を褒めたことが、祖母はうれしかったのだ。「にふぇーでーびる（ありがとう）」と言い続けていた。学校に通えず、学ぶ重要性を身に染みて感じていた祖母にとって、昇は自慢の孫だった。「ばあさんは元気か。早く会いたい」

村に到着した。戦前の住居地は接収され、米軍基地の金網に囲まれていた。表向きは「米陸軍混成サービスグループ（CSG）」が駐留し、「キャンプ知念」と呼ばれた。その実態は米国諜報機関の中央情報局（CIA）の拠点の一つだった。米兵といえども立ち入りを制限されていた場所だった。

祖母は親慶原で親類と住んでいた。訪ねてきた昇に気付いた祖母は「ぬぶるー、ぬぶるー（昇、昇）」と駆け寄った。優しい表情は変わらない。体調も良さそうだ。昇は沖縄語（ウチナーグチ）をすっかり忘れ、祖母の続く言葉を理解できなかったが、うれしかった。「祖母様の身の上が案じられ夜も眠れない。早く平和の日が訪れ安否を知りたい」。四六年、ハワイの捕虜収容所から解放された昇が県系人に語った言葉だ。沖縄戦、朝鮮戦争と二つの戦場を体験した昇に、その瞬間がようやく訪れたのだった。

Back To the 'Outfit'

HIS OLD OUTFIT will be seeing Sp6 Noboru Gima again. Gima came here this week from Hawaii at his own espense to reenlist for his former unit, the 331st Support Bn. Doing Gima the honors is Capt. Andrew V. Ligda, Commanding Officer of Headquarters Company, U.S. Army, Ryukyu Islands while SFC (E-7) J.C. Whitt (holding flag), command Recruiting NCOIC, looks on.
(U.S. Army Photo)

結婚するため除隊し、再入隊した儀間昇のことを伝える英字紙「RYUKYUAN REVIEW（リュウキュウアン・レビュー）」（1959年11月21日付）

■異動命令

祖母との再会から三年半後の一九五八年一月、昇が待ち望んだ沖縄赴任がかなった。昇は米陸軍対敵諜報隊（CIC）の沖縄部隊、五二六分遣隊に配置された。分遣隊本部は当初、那覇市鏡水の那覇ホイール地区に構えられ、昇は近くの宿舎で暮らした。

沖縄の復興はさらに進んでいた。四四年の十・十空襲で那覇の街は九割が焦土と化した光景を忘れられない。それだけに国際通り、平和通り周辺の発展に目を見張った。

昇はこの年、六歳下のスミ子（二四）と出会い、二人は翌五九年に結婚した。

米兵が結婚する場合、軍の許可を必要とし

た。軍は結婚相手の身上を調査し、その是非を判断した。昇のようなセキュリティー・クリアランス保持者が外国籍の相手と結婚する場合、提出する書類は煩雑で調査や審査の期間も長くなった。認められるまで一年以上を要する事例もあった。そのため昇は一度除隊した。民間人ならば軍の規則に縛られず、自由に結婚できたからだ。結婚後の再入隊は可能だった。現役兵の結婚に比べ、結婚後の再入隊における身辺調査は簡潔だった。除隊はいわば裏技だった。

沖縄語を理解し、文化を理解できる米兵の存在は米軍にとって貴重で、手放せない存在にもなっていったのだろう。五九年十一月、再入隊式で昇は右手を上げ、宣誓のせりふを読み上げた。

# 第5部　まなざし

新規接収反対などを掲げた「四原則貫徹県民大会」＝1956年7月28日、那覇高校グラウンド

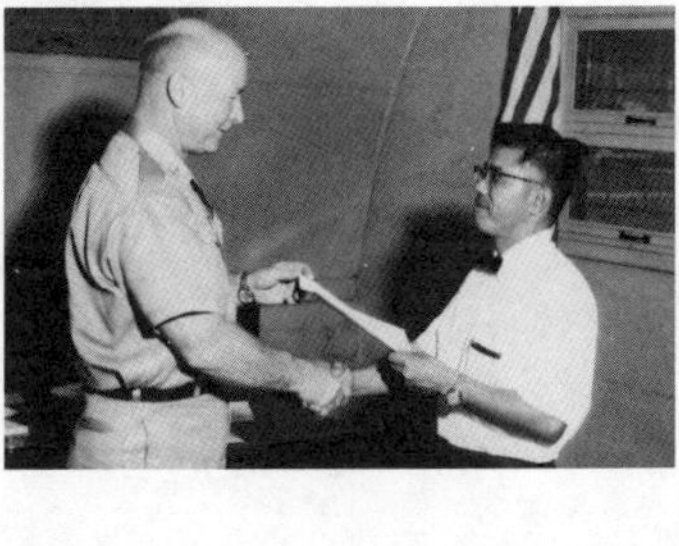

CIC526分遣隊隊長のフィネガン中佐（左）から辞令を受け取る儀間昇＝1960年ごろ（本人提供）

## 諜報 反基地、反米への監視 1956〜1966年

### ■CIC五二六分遣隊

「米国民政府（USCAR）も米陸軍対敵諜報隊（CIC）も膨大な警察報告書や他の諜報資料を訳する翻訳者が足りない」「現在、那覇市長室と沖縄人民党本部に盗聴器を取り付ける計画が進行中。設置時期やその成否は、いくつかの要素にかかっている」（一九五七年四月五日付、米秘密指定IRR文書より）

文書の日付をさかのぼること一年前の五六年夏、米軍基地建設から土地を守る「島ぐるみ闘争」が沖縄に広がり、冬は米軍から共産勢力として警戒されていた人民党の瀬長亀次郎が那覇市長に当選した。CICをはじめとした在沖米軍は民衆の動向を監視し、情報収集を続けていた。

半面、米軍上層部などに送る報告書の翻訳作業が滞っていた。五七年四月五日付の「ムー

ア軍政副長官発、レムニッツァー軍政長官宛」の秘密指定電文から、その理由が分かる。「琉球列島米国陸軍（USARYIS）司令部は極東陸軍を通じて、CICの要員確保に努めている。問題はCICに翻訳官が一人しかいないことで、さらに十人必要だ」

この電文の作成日付から約七カ月後の十一月、儀間昇はキャンプ・ドレイクで沖縄への異動命令を受けた。米軍は沖縄赴任を希望する通訳兵を募り、昇に白羽の矢を立てたのだ。この月は米軍が布令を改正し、瀬長を市長から追放する強硬策に出た。後任の市長選で瀬長派の兼次佐一が当選した五八年一月、昇は沖縄に到着した。配属先はCICと言い渡された。元学徒兵は占領者のまなざしで、沖縄を見詰めていく。

昇が沖縄でCICに配属された最初の期間は、一九五八～六六年。沖縄では再会と出会いが待っていた。その一人がジョージ安里だった。「米兵になって沖縄に帰ろう」。そう言って昇を誘い、米軍への志願を勧めた張本人だった。年齢を偽って志願した安里は直前で入隊を認められなかった。入隊前に別れて以来、約十年ぶりの再会だった。安里はCIC五二六分遣隊の翻訳班班長を務め、その身分は軍属だった。

安里もハワイで生まれ、沖縄で育った。県立第二高等女学校に通っていた安里の姉は「ハワイ帰り」という理由で、特別高等警察から取り調べを受けたこともあったという。安里は県立第一中学校の生徒だった時、沖縄戦を体験した。戦中まで父方の金城を名乗っていたが、終戦直後にハワイに呼び寄せられる際、母方の安里に変えた。

昇と安里は再会を喜び、家族ぐるみで交流を重ねた。昇が知る限り、部隊内で沖縄語（ウチナーグチ）を理解できる米兵・軍属は昇と安里だけだった。

日系二世兵の諜報員、チャーリー・サイトウにも出会う。昇とサイトウは親しくなり、飲食街の那覇市桜坂で酒を酌み交わすことも多かった。ある日、サイトウが打ち明けた。「昇を調査したのは私だ」。昇が米軍に入隊した四七年、CICは昇の身上を調べ、その調査担当者がサイトウだったのだ。ただ、昇は話を聞いても驚くことはなく、「日本の皇民化教育を受けて育ったんだ。米軍の調査は当然だ」と納得した。

ところで昇は沖縄赴任前の一九五四年、長崎県佐世保でもCICに所属していた。その頃に、CIC諜報員の西岡スタンリー康成と福岡で知り合っている。六二年、その西岡が沖縄へ異動し、二人は同僚となった。

沖縄占領初期におけるＣＩＣの任務は住民に紛れ込んだ日本兵をあぶり出すことだった。やがて米による沖縄を長期保有する方針が固まると、ＣＩＣの主な任務も統治者・米軍にとって「秩序と治安を維持」するため必要な情報の収集に変わっていった。朝鮮戦争が勃発した一九五〇年、沖縄のＣＩＣ五二六分遣隊は兵力二〇人だった。昇が沖縄に異動した五八年、ＣＩＣ五二六分遣隊は総務人事、補給、作戦の各部門に分かれ、このうち作戦部（Ｓ２／Ｓ３）の米兵は約三〇人になっていたという。所属兵は諜報員（Ｓｐｅｃｉａｌ　Ａｇｅｎｔ＝スペシャル・エージェント）や渉外官（Ｌｉａｉｓｏｎ＝リエゾン）としての役割を担っていた。さらに六〇年代に入ると、人員は約五十人ほどになった。配属兵の多くは日系兵で、昇の赴任当初の隊長はフィネガン中佐で白人だった。

昇が五二六分遣隊に配属された当時、分遣隊本部は那覇市鏡水のホイール地区にあった。沖縄気象台跡地に建てられた在那覇米総領事館が隣接していた。

当初、昇はＣＩＣ五二六分遣隊で翻訳班に配置された。本部で作業し、班長は安里、その下に昇ら兵士が二人、さらに民間翻訳者（軍雇用員）が二人で、班員は計五人だった。

のちに軍雇用員の翻訳者が増員された。

新聞各紙をチェックし、米軍関連の記事を英訳する日課が二年続いた。課報員、渉外官が入手した資料も訳した。琉球警察など琉球政府の捜査機関から政党、労働団体までの内部資料が持ち込まれたという。


一九六〇年、県祖国復帰協議会（復帰協）が結成されるなど復帰運動がさらに高揚した。この年、人事異動や部隊編成をきっかけに、昇は渉外官になった。ＣＩＣは翻訳班も含め私服で任務に当たったが、諜報員と渉外官には衣服代も支給されていた。昇も仕立てたばかりのスーツに身を包み、渉外官として琉球警察や出入管理部など琉球政府の機関、労働組合や経済団体を出入りするようになった。

那覇市東町の事務所開設もこの時期だった。ＣＩＣは四階建てビルを借り上げ、現地拠点として利用した。一階には受付係と事務所責任者の将校、二階に諜報員と渉外官がそれぞれ詰めた。昇や沖縄に異動してきた諜報員の西岡も二階でタイプライターに向き合い、収集した「極秘」などの情報を打ち込んでいった。三階以上は情報提供者との面会場所だった。

米陸軍対敵諜報隊（CIC）526分遣隊に配属されていた渉外官の儀間昇（左）と諜報員の西岡スタンリー康成。場所は那覇市東町の拠点事務所＝1962年ごろ（儀間さん提供）

事務所には琉球警察公安課（のちに警備課）の警官たちも出入りしていた。人目を避けるようにビルの裏口を利用する者もいた。一般の情報提供者たちだ。東町よりは小規模だが、コザと名護にも拠点事務所があった。

諜報員や渉外官は互いの任務を詮索せず、当然情報源もそれぞれ秘匿だった。そのように軍当局も指導し、特に軍施設の外で任務を話題にすることは固く禁止された。家庭も例外ではなく、昇も妻スミ子に任務内容を話したことはないし、スミ子も聞かなかった。

ただ、場所と時間を共有していると、自然と仲間の動向が耳に入った。ある日、諜報員らが盗聴器の設置について話していることが、昇にも聞こえてきた。「調査対象の近くで建物を借りて傍受しているらしい」「協力要請があった」。そんな会話だった。

前述した「ムーア軍政副長官発、レムニッツァー軍政長官宛」の電文には、「那覇市長室と人民党本部に盗聴器を取り付ける計画が進行中」とも記録されていた。この電文は昇が沖縄に配属される約八カ月前に作成された。

昇はこの計画を知らないし、昇自身が盗聴器の設置任務に当たったことはないという。ただ、同室の諜報員らの話しぶりから、別の秘密機関が盗聴計画を実行し、CICを動かしているようだと感じた。「CIA（米中央情報局）か?」。そんな考えが頭によぎった。

## ■琉球警察 CICの耳目

復帰運動が高まっていた一九六一年、那覇市美栄橋町の琉球警察本部。この夏の機構改革で「公安第二課」は「警備課」に改名されていた。

警備課の部屋を一人の男が訪ねて来た。「やぁ、こんにちは」。顔パスで入り、手を上げて担当者にあいさつした。米陸軍対敵諜報隊（CIC）五二六分遣隊の渉外官、儀間昇

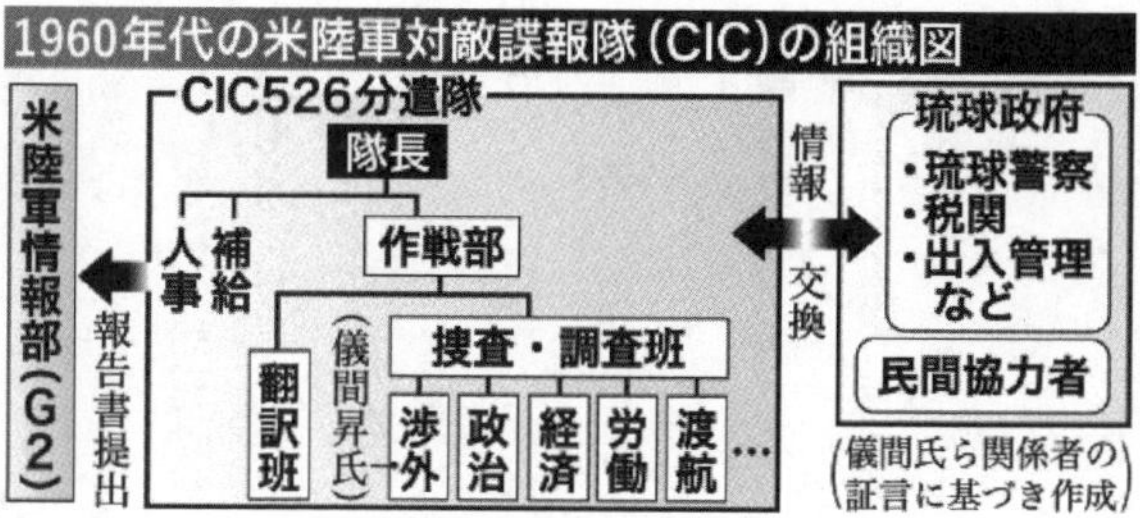

（儀間氏ら関係者の証言に基づき作成）

1960年代の米陸軍対敵諜報隊（CIC）の組織図

（三三）だ。情報機関ＣＩＣと警察は沖縄に監視網を張り巡らせ、密接な関係を築いていた。

ＣＩＣの主要任務は占領地域における「スパイ活動の防止」。渉外官はＣＩＣと各組織を現場レベルでつなぐ連絡役で、いわばＣＩＣの「顔」だった。ＣＩＣの現場要員で唯一、ウチナーグチを話せる昇は渉外官として、適材だった。

昇は琉球政府の機関、経済団体や労働組合などを回り情報を集めた。このうち、琉球警察は「ＣＩＣの耳目」として果たす役割が最も大きかった。

沖縄戦で警察部を含む行政機関「沖縄県」は消滅した。戦後、米軍の下で再生された警察は「民警察部」「群島警察本部」を経て、五二年に「琉球政府琉球警察本部」が設置された。米国の統治機関・米国民政府（ＵＳＣＡＲ）の指揮下に琉球政府が位置する二重構造だった。

昇は曜日ごとに訪問する場所を決めていた。警察本部の警備課には週二回ほど訪ねた。那覇署など所轄も回り、警備係と顔をつないだ。

六〇年は復帰運動をけん引する県祖国復帰運動協議会、基地従業員による労働組合の結成が相次いだ。人員不足で対応できないCICに代わり、警察が集会やデモを監視していた。後日、渉外官の昇が警察を訪ね、その情報を聞き取った。

CICは二世兵が多く占め、話し方のアクセントで任務中に身分が察知される恐れもあった。代わりに警察が要注意とみなした人物に接触したり、尾行したりすることもあったという。昇を含め、CICと警察が合同で集会を監視することもあったという。

## ■佐世保

話は一九五〇年代にさかのぼる。五二年のサンフランシスコ講和条約発効で日本は主権を回復したが、米軍の情報活動は主権回復後の日本本土でも展開されていた。

昇にとってCICの初任地は沖縄ではなく、五四年一月から一年間、長崎県の米軍佐世保基地だった。佐世保ではCIC四四一部隊に配属された。昇は日本人の基地従業員の身

米軍佐世保基地のCICに配属されていたころの儀間昇（右）とCICの同僚＝1954年（本人提供）

元調査を任された。基地従業員の犯罪歴や思想を調査した。履歴書に虚偽がないか照合するため、警察や役所も回ったという。長崎だけでなく近隣の佐賀などでも調査した。米軍は共産主義者が基地に入り込むことを警戒していたのだ。

昇はＣＩＣ配属を希望していた。ＣＩＣは階級章付きの軍服姿から解放され、私服姿で別部隊の上官と対等の立場で話し合うこともできた。通常の情報兵よりも自由な裁量を与えられているため、ＣＩＣを希望する日系兵は多かったという。昇もその一人だったが、別の動機もあった。「ＣＩＣになれば沖縄に帰ることができる」と考えていたからだ。

昇がそんな望郷の念を抱いていた五四年、沖縄には反共の嵐が吹き荒れていた。

## ■反共の嵐

一九五四年三月、日没後の豊見城村。立法院議員選挙の候補者で、人民党幹部の又吉一郎が演説していた。「沖縄から声を上げればワシントンに届くぞ」。その訴えに支持者が拍手で応えた。聴衆から距離を置き、見詰める人影があった。那覇署員の上原徹（二五）だ。又吉にひそかに張り付き、一週間になろうとしていた。琉球警察は公安担当以外も駆り出し、候補者の発言内容を収集していた。外勤課勤務の上原も、その応援要員だった。

懐中電灯の明かりが目立たないよう電球部分を布で覆い、紙の上にペンを走らせた。又吉の発言を一言一句速記していった。その日で報告書を仕上げ、署に提出しなければならなかった。報告書の最終的な行き先は知らない。ただ、署を出入りするＣＩＣや米軍関係者は何度も見掛けていた。米国政策の批判を続ける人民党員は共産主義とみなし、米軍と警察は重点的に監視していた。上原はその監視任務に就いていたのだった。

五〇年代、基地の本格整備が始まった。米軍は沖縄を長期保有するため住民の協力が欠かせないと考え、軍政府による「占領政策」から米国民政府（ＵＳＣＡＲ）による「統治政策」に移行した。一方、反発する住民を力ずくで押さえる強行策も発動した。特に瀬長亀次郎を書記長とする人民党を「共産主義」と敵視し、執ように弾圧した。

「おい、お前は誰だ」

ふいに声を掛けられた。次の瞬間、上原はずぶぬれになった。又吉の支持者がバケツの水を浴びせたのだ。上司は「選挙妨害と思われる行動は避けろ」と指示していた。警察と知られたら面倒だ。逃げるしかなかった。

又吉は立法院選挙を次点で終えたものの、九月の豊見城村長選挙にも出馬し、次は当選を勝ち取る。ところが、当選から十一日後、又吉は逮捕された。容疑は、沖縄から退去命令を受けた奄美出身者に対する隠匿ほう助だった。

この年七月、奄美出身の人民党員に対し、米国民政府は域外退去を命令していた。命令を拒否した党員は潜伏した。米国民政府はこれを口実とし、かくまった容疑などで次々に党員を逮捕する「人民党事件」が起きた。九月の又吉の逮捕に始まり、十月六日には瀬長も逮捕された。総勢四四人が逮捕される思想弾圧事件だった。

又吉や瀬長らは軍事裁判に起訴された。瀬長は米軍政府布令で認められた弁護士の裁判参加を求めた。東京の弁護士二人が瀬長を弁護する予定だったが、米側は弁護士の渡航を拒否した。瀬長は「有罪」判決を受け、懲役二年、又吉は同一年で投獄された。

上原は瀬長の送迎を数回担当したこともある。収監先の沖縄刑務所から那覇署までの移動時間は護送車で五分ほどだった。後部席の瀬長は他愛《たわい》のない会話を交わすほど余裕《よゆう》綽々《しゃくしゃく》で、上原は気さくな印象を瀬長に抱いた。

五六年四月九日、瀬長は多くの支持者に待ち構えられて出所した。「抵抗のシンボル」になった瀬長は約八カ月後の十二月二十五日、那覇市長に当選した。「赤い市長」の誕生は日本本土や海外でも報じられた。

米側は瀬長市政にも圧力を加え、市の銀行預金や補助金を凍結した。これには市民から自発的な納税運動や寄付などが起き、瀬長を支援した。

五七年六月、市議会が市長不信任案を可決すると、瀬長は議会解散で対抗した。八月の市議会議員選挙の結果、信任派が躍進し、市議会による瀬長追放は不可能になった。沖縄を統治する米軍の現地最高責任者、高等弁務官のムーアは布令改正の強権を発動した。不信任決議の要件緩和した後、市議会は再び瀬長の市長不信任案を可決したのだ。人民党事件における「罪」を理由に被選挙権も奪い、瀬長を公職から追放したのだった。

■民主警察

沖縄戦中、上原は少年警察官だった。県庁壕に配置され、島田叡知事や荒井退造警察部長の傍らで県庁・警察部の末期を目撃した。戦後は代用教員に就いたが、警察経験者であることから勧誘され、一九四七年に再び警察官になった。

ある日、上原は各署に教本資料を配布した。米軍から警察への指示によるもので、表題には「民主警察」とあった。米軍は「人民による人民のための警察を目指せ」と説いた。「皇国臣民」の教育をたたきこまれた上原にとって、真逆の価値観は新鮮に映った。

しかし、米側は標ぼうした民主警察を自らおとしめた。一九五一年十二月、米国民政府は公安委員会制度の廃止を打ちだしたのだ。群島公安委員会は五〇年十一月に設置され、警察はその指揮下に置かれていたが、その発足から一年余りで廃止方針となった。

五二年一月、沖縄群島議会は制度存続の陳情を決議し、こう指摘した。「廃止は過去の警察制度に逆戻りし、民衆威圧の非民主警察行政に後退だ」。決議もむなしく、米国民政府は琉球警察発足に伴い、公安委員会制度を廃止した。

人民党事件から約二年後の一九五六年七月、那覇高校グラウンド。米軍による新規土地接収などに反対した「四原則貫徹県民大会」が開かれ、十数万人が集まった。安価な土地賃料を一括で払い、長期保有を計る米軍に対し、島ぐるみで阻止する闘争が広がっていた。「沖縄を売るな」。声を張り上げる人々の中に上原もいた。上原も、戦中まで過ごした那覇市垣花町の土地が接収されていた。

「沖縄全体が永遠に米国の所有物になるかもしれない。このままでは沖縄の心を売り払うのと同じだ」。そんな危機感に、上原は突き動かされた。

同僚やＣＩＣも集会を監視しているだろう。だが、気にしなかった。警察官の立場も関係ない。沖縄を守るため、沖縄人全員で立ち向かおうという気持ちが勝っていた。

米軍への抗議集会に参加するのは、これが初めてだった。その中に身を置き、人々を見詰めた上原は、「沖縄が目覚めた」と圧倒された。

上原が体感した沖縄のうねりは、復帰運動の大きな流れにつながっていった。

## ■特別諜報員

那覇市内のバー。二人の男がグラスを交わす。一人は一九六二年一月から那覇市長に就任し、二期務めた西銘順治。のちに沖縄を代表する保守政治家として衆院議員、県知事を歴任する。隣に座るのは米陸軍対敵諜報隊（CIC）五二六分遣隊の諜報員、西岡スタンリー康成。CICをはじめ米軍は政治、経済、労働などの各分野で人脈を築き、「情報源（Source）」として活用した。西岡が大物政治家の西銘にも接触し、親交を育むことは当然の成り行きだった。

西岡は一九二六年にハワイ・オアフ島で生まれた日系二世。その父は熊本県上益城出身だ。一九四一年の真珠湾攻撃で、十五歳の西岡は攻撃する祖国のゼロ戦を目撃した。やがて父は「敵性国人」としてホノウリウリ収容所に閉じ込められた。米軍に入隊したのは知人の弁護士のひと言だった。「おやじを助けたいなら米軍に入れ」

通訳兵となった西岡は日本本土に二回駐留した。初回が四五年十一月～四六年三月、二回目が四七～五二年ごろで、いずれも主に九州で任務に就いた。

共産党員らを公職などから追放した「レッドパージ」が起きた五〇年、日本共産党書記長で沖縄出身の徳田球一を逮捕するため、捜索したこともある。連合国軍総司令部（GHQ）は沖縄出身者が多く暮らす宮崎県波島を、徳田の潜伏先の一つとみていた。西岡も捜索隊の一人として波島に送られたが、結局見つけられなかった。

翌年、西岡はCIC諜報員（Special Agent）になった。諜報員の資格は養成課程を経た兵士に認められる。米メリーランド州基地ホラバードに設置した陸軍情報学校（Army Intelligence School）をはじめ、各地に養成機関が設けられていた。西岡の場合、東京・九段下にあったCIC四四一部隊の本部で、諜報員になるための訓練を受けたという。

それからノースカロライナ州で米陸軍特殊部隊（グリーンベレー）に所属していた時、沖縄異動の希望者募集を知った。日系兵の友人が多数沖縄に配属されていたため、西岡も名乗りを上げた。西岡は六二～六六年に沖縄に駐留し、主に政治担当の諜報員として政財界要人に接触していった。

西岡によると、五二六分遣隊の諜報員は十五人ほどで本島内を中心に活動した。西岡は那覇市東町のＣＩＣ現地事務所を拠点にした。

諜報員はスパイ防止（防諜）のための捜査権を認められ、いわば「特別捜査官」の役割もあった。軍内部のスパイを見つけるため私服で行動し、銃も携行したという。

ＣＩＣは占領地域で捜査対象の人物や企業の銀行口座、納税といった各記録を関係機関に照合し、提出させることもできた。第二次世界大戦中、フィリピンを奪還した米軍は日本を経済面でも追い詰めるため、日本と関わりのある口座を凍結したこともある。

西岡ら諜報員は情報収集のため沖縄各地を回った。ＣＩＣを警戒する人物もいた半面、近づいてくる情報提供者もいたという。「本物かデマか」。情報の裏付けを取って、報告書を仕上げた。事案によっては、対応策など諜報員自身の提言を報告書に加えた。CICで作成された文書は、機密性が比較的低いものでも「コンフィデンシャル」(秘)に指定され、上層部に送られた。

西岡は経済界にもつながりを持った。沖縄経済界の大物として、県内ゼネコン最大手の「国場組」創業者、国場幸太郎も含まれていた。西岡によると、国場とも「よく交際していた」という。西岡は一九六六年に軍を退役するが、除隊後もハワイで国場と再会する間柄だった。国場組は戦前に日本軍飛行場建設、戦後に米軍基地建設を請け負った。米側関係者に対し、国場の顔は広かった。

一九六〇~六六年までCIC渉外官だった儀間昇も経済界に目配りした。定期的に沖縄経営者協会を訪れ、主に専務理事の新里次男が応対した。国場と並ぶ経済界実力者で琉球石油創業者の稲嶺一郎にも、昇はたびたび面談した。諜報員と共に稲嶺の自宅に招かれ、夕食のテーブルを囲むこともあったという。いずれも政局の見通しや裏話などを聞いた。

昇は復帰運動で中心的な役割を果たした沖縄教職員会にも足を運び、頻繁に開催された集会やデモの日時、規模などを聞いた。応対は事務局長の喜屋武真栄。時折、会長の屋良朝苗も同席したという。琉球新報などの新聞記者にも接触した。

米側は公共工事資金が共産主義に流れることも常に警戒していた。受注企業内部に共産主義とみなした人民党の関係者が潜り込んでいないか目を光らせていた。「表向きは親米でも、裏では人民党の協力者である可能性を想定した」と西岡。全政党の収支や政治資金の流れも調べていた。親米派といえども、米側は監視網から外さなかった。

沖縄経済をけん引した稲嶺一郎（右）と国場幸太郎。稲嶺は1970年11月の国政選挙で参院議員になった。撮影は稲嶺の沖縄開発庁政務次官就任の祝賀会で＝1973年1月22日

■主席公選

一九四五年、沖縄に上陸した米軍はニミッツ布告を公布し、沖縄における行政権や司法権などは停止されたほか、戦禍で県庁・警察組織も消滅した。沖縄戦の組織的戦闘が終結した六月以降になると、沖縄の住民の自治機構は八月の「沖縄諮詢会」設置から始まった。自治組織は四六年の「民政府」、五〇年の「臨

時琉球諮詢委員会」「群島政府」、五一年の「琉球臨時中央政府」と変遷。そして、五二年四月一日に「琉球政府」が発足した。

琉球政府は三権分立の形とはいえ、公選制は立法院議員のみだった。残る行政主席と裁判所判事は、米国の出先機関「琉球列島米国民政府」(五〇年十二月設立)による任命制だった。米国は沖縄統治の基本方針「米国民政府に関する指令」で、「軍事的必要の許す範囲」とただし書きした上で「民主主義の原則により設立された立法、行政、司法の機関による自治」を促進すると明記した。米国世《あめりかゆー》における沖縄の自治は制約されていた。

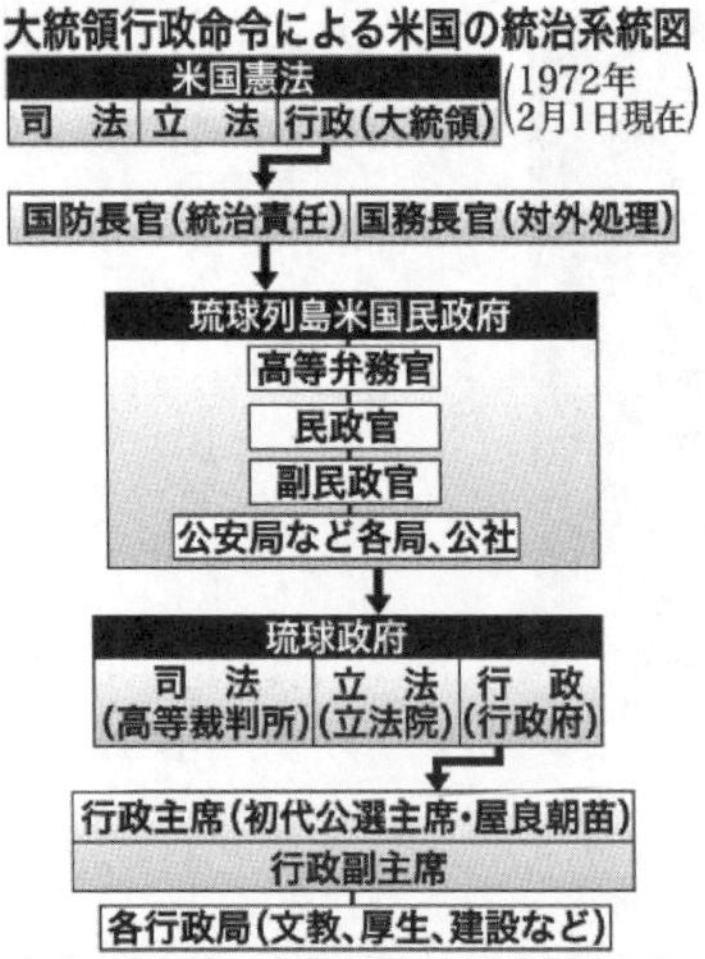

参考：照屋栄一著「沖縄行政機構変遷史料」

ところで、琉球政府設置以前の五〇年九月、知事の直接選挙が実施されたこともある。奄美、沖縄、宮古、八重山の四群島で知事選が実施された。五一年三月、群島議会は日本復帰を求める要請を決議。意にそぐわない流れに対し、米は琉球政府発足と同時に主席任命制に転じたのだった。

立法院でも五三年一月、「行政主席選挙法」が成立し、同三月に主席選挙を計画した。米国民政府は「行政主席選挙は米国民政府が布告しない限り全て無効」と拒否権を発動し、禁止した。


西岡の主な立ち回り先は那覇市役所や立法院棟だった。那覇市長の西銘や立法院議員らを訪ね、それぞれと差し向かいで面談し、政局を把握した。身分を一貫して隠し通すことはなく、CICと名乗ることは頻繁にあった。

立法院議員には保革を問わず接触した。「会いたくない」と断る革新側の議員もいたが、社大党の安里積千代は面談に応じた。相手を飽きさせない安里の話しぶりに、西岡は「切れ者」の印象を受けた。

記憶に深く刻まれた政治家は那覇市長の西銘だった。西銘は多忙だったが、幾度か二人だけで酒を飲んだ。「奇跡の一マイル」と称され、戦後復興の象徴だった国際通り。その裏手のバーでグラスを交わした。市長室と異なり、酒席では互いに政治や仕事のことを話題にせず、家族や趣味などプライベートについて語り合った。

「西銘さん、あなたが出たらどうだい？」

那覇市長室で西岡が話を向けた。話題は「主席公選」だった。主席とは「琉球政府の行政主席」のことであり、現在の知事に相当する。

西岡は一九六二～六六年、沖縄に駐留した。その期間内の六五年九月、那覇市議会は主席公選の実現を求める決議を全会一致で議決した。十一月には主席公選の実現を求める県民大会も開催されていた。直接選挙で選ぶ「主席公選」の実現は、住民が抱き続ける積年の願いであり、保革を超えた政治課題だった。

あらゆる政局で主席公選が叫ばれた時代。統治者の米軍にとって不都合な話題を西岡はあえて切り出した。

「いやいや。先輩の先生が出るからね。花を持たせないと」。西銘は謙遜するように答えたという。

「先輩の先生」とは屋良朝苗のことを指していた。戦前の県立第二中学校で屋良は教師、西銘は生徒の関係だった。

兵役を終えた西岡は沖縄を去った。それから一年後の六八年十一月、悲願の主席公選がようやく実現した。候補者は屋良と西銘。師弟対決の構図だった。そして屋良が当選した。

沖縄県関西学生会の執行委員。後列左から2人目が古堅実吉＝1654年5月（本人提供）

■告発、銃剣とブルドーザー

一九五六年、非合法組織だった共産党の会合が那覇市内で開かれていた。「米軍による手入れの情報がある。弾圧の口実になる物は疎開させろ」。仲間の言葉を聞き、古堅実吉（二七）は思った。「あれを隠さなければ……」。脳裏に浮かんだ写真。米軍は前年、「銃剣とブルドーザー」で伊江島の住民から土地を奪っていた。古堅は米軍による人権侵害を告発するため接収地に潜入し、その様子を撮影していた。

沖縄戦で捕虜になった古堅はハワイの捕虜収容所で約一年半過ごした後、沖縄に戻った。戦後は辺土名高校を卒業し、五〇年に開学したばかりの琉球大学に入学したが、次第に本土で学びたいという気持ちが膨らんだ。五二年、関西大学に入学した。

翌年十一月、古堅を含めた関西在住の沖縄出身の学生は学生生活の安定と沖縄の日本復帰を目指し、沖縄県関西学生会を結成した。学生会は学生新聞を発行し、帰省する者は沖縄の現状も調査するという活動方針を掲げた。

五五年三月、米軍は新基地建設のため十一日に宜野湾村伊佐浜で、十四日に伊江村真謝で住民の土地を接収していた。ちょうど春休みで帰省していた古堅は二十日、沖縄本島の本部半島から北西約九キロに位置する伊江島を訪れることにした。帰省途中の船で知り合った男性らに事情を話すと、島民につないでくれた。

伊江島来島の目的を米軍に知られると、拘束される恐れもあった。住民の協力を得た古堅は農民の服装に着替え、顔に泥を塗った。地元の青年三人と馬車に乗って移動し、有刺鉄線に囲まれた接収地に潜り込んだ。

学生会の仲間から借りたカメラのファインダーをのぞいた。地面は真っ黒に焼け、うっすらと白煙を放っていた。米軍は銃剣で住人を追い払い、ブルドーザーで住居をなぎ倒した後、火を放ったのだった。「ひどい」。シャッターボタンを押す指が震えた。

沖縄戦終結から十年が経過しようとしている。それなのに真謝地区十三戸の住民は家を追われ、粗末なテント暮らしを強いられていた。戦後直後と変わらない荒廃した光景が目の前にあった。胸が苦しい。家財道具などがテントの周囲に散乱していた。古堅は言葉を失い、涙がこぼれた。

大阪に戻ると学生会の集会で写真を展示した。古堅の〝告発〟は評判を呼び、京都大学や神戸大学の学生新聞、東京県学生会、平和団体から写真提供の依頼を受けた。

戦争体験が古堅の政治活動の原点だ。皇民化教育の時代、死ぬことを強いられた。「しかし、軍国主義にあらがい、弾圧に屈しなかった政党が戦前にあった。国民の立場から、反戦平和を貫けるのは共産党だけだ」。古堅はこの年九月、大阪で日本共産党に入党した。

■共産党入党、監視者の影

一九五六年三月、古堅実吉は大学を卒業した。沖縄に帰郷し、中央巡回裁判所書記官として採用された。仕事以外では弁護士資格の取得を目指して勉強に励みつつ、米施政権下において非合法だった共産党の一員として活動した。

党の会合で米軍による家宅捜索の情報が飛び込んできたのは、そんな時だ。米軍に攻撃材料となる資料を与えてはならない。古堅は伊江村真謝の写真などが入った箱を、自宅から親類宅へ急いで移動させた。親類に中身を告げなかったが結局、捜索はなかった。その後は親類の引っ越しに伴い、写真は行方知れずになった。

古堅自身は米軍当局から直接取り調べを受けたことはないし、尾行されていると感じた経験もない。半面、同じく非合法・共産党の一員として活動した国場幸太郎（国場組創業者とは別人）は五五年、ＣＩＣに身柄を拘束され、執ような尋問とともに暴行も受けたと証言している。

五七年九月、裁判所職員による労働組合が結成され、古堅は初代委員長になった。組合結成を知らせるため、今後の交渉相手となる首席判事と事務局長を訪ねた時だった。事務局長の古堅宗徳がふいに告げた。「米国民政府から君は共産党員だと聞いているぞ」

古堅実吉は自ら党員と名乗るわけにはいかないし、かといって否定もできない。けん制か脅しか。その真意を探ることもなく聞き流すと、事務局長もそれ以上何も言わなかった。「弾圧されたら、立ち向かうだけだ」。古堅はそう心に決めていた。だから事務局長の発言に動じなかった。ただ、一つだけ気になった。自らの周囲に忍び寄る監視者の影を、この時初めて感じたのだった。

■渡航

一九五二年に琉球政府が発足し、行政権は米国民政府から琉球政府に徐々に移管された。ただ、渡航業務は復帰の日直前まで、米国民政府公安局による指揮、監督の下で運営される二重構造だった。渡航希望者に対する許可の是非は、米側に委ねられていた。当初は琉球警察の「出入管理課」が出入域の現場窓口や渡航事務手続きを担った。那覇署員の上原徹も那覇港で船を臨検し、密航者の確認業務に携わったという。

六一年に警察局出入管理部から法務局外局の「審査課」、六五年に「出入管理庁」とそれぞれ改称した。取材に応じた当時の入管関係者によると、那覇市美栄橋町の警察局庁舎時代までの出入管理部事務所には、米国民政府公安局職員も常駐した。職員は日系人を含む米国人で、二～三人が配置された。

入管窓口に提出された二枚つづりの渡航許可申請書のうち、一枚が米側に回った。公安局はＣＩＣなどの関係機関に問い合わせ、要注意人物の渡航の是非を確認した。五八～六六年、ＣＩＣ渉外官だった儀間昇も公安局や出入管理部と連絡を密に取ったという。

昇は沖縄教職員会を定期的に回った。教職員会事務局長で県祖国復帰協議会会長も務めた喜屋武真栄の渡航に関し、時折意見を求められた。昇は「喜屋武は問題ない」と答えた。

要注意人物の渡航情報がＣＩＣに伝えられると、昇らは那覇空港や港で渡航者を入管職員と共に調べたり、警戒したりした。

**用語解説**

**渡航拒否問題**　米施政権時代の沖縄では琉球住民（琉球列島に本籍を有した居住者）が日本本土に渡航する際、「日本渡航証明書」（パスポート）が必要だった。琉球政府出入管理部の統計によると、沖縄への出入域者数は、琉球政府発足の翌1953年に4万1266人。戦後初めて本土の観光団が訪れた60年に11万3033人と10万人を突破した。一方、米国民政府が渡航の許認可権限を握り、米側に批判的な人物に対する出入許可は下りず、50～60年代は渡航拒否が相次ぎ、社会問題になった。「県祖国復帰闘争史・資料編」によると、本土への渡航申請に対する保留・不許可は53年～64年４月までに341件に上った。渡航許可は通常15日以内で認められるが、米国民政府から「好ましくない」人物とみられた場合、「渡航許可補助申請書」の提出を求められた。和文、英文各１通を27項目にわたって記入したが、質問内容は思想調査そのものだった。共産党への関与などを問い掛け、具体的な回答を求められた。沖縄人民党委員長の瀬長亀次郎は渡航申請を16回、10年以上断られ続けた。「移動の自由」という基本的人権が不当に侵害されているとして、県祖国復帰協議会、沖縄人権協会などは渡航拒否に抗議する県民大会を開催し、渡航制限の撤廃は復帰運動の大きな柱になった。

昇は出域する本土出身の左翼関係者を尋問し、沖縄各地を撮影したカメラのフィルムを没収したこともある。現像して中身を確認した。入手した乗客名簿の英訳もした。

船籍不明の船が波照間島に漂着したとの連絡を警察から受け、昇はＣＩＣ諜報員と共に出向いたこともあった。船体に中国語が記載されていたが、特定はできなかった。

台湾、フィリピンなど第三国からの渡航者にも目を光らせた。薬物取引などで国際手配された人物が日本に入国するため、沖縄を経由地に利用する事例もあったからだという。

出入管理部で渡航申請手続きに並ぶ人々。1960年代に入ると、米施政権下とはいえ仕事や進学などに加え、観光旅行で日本本土や海外に渡航する人が増えた＝1962年3月6日

News

## 人民党監視 東京でも 元立法院議員 古堅さん対象

■61年、日米が協力
米秘密文書で判明

沖縄が米施政権下だった一九六一年九月、当時の琉球政府立法院議員で、沖縄人民党所属だった古堅実吉さん（八六）＝那覇市＝が上京した際、日本共産党などの政界要人と面談する古堅さんを尾行した記録が米公文書で残されている。古堅さんが十日までに本紙取材を通じて文書を初めて確認し、尾行されていた事実も初めて知った。古堅さんは「本土は米軍占領下でもなかった。このような監視が許される理由もない。不当な人権侵害だ」と憤った。

米側は一九五〇～六〇年代、共産主義とみなす人民党の動向を監視していたが、監視網は沖縄にとどまらなかった。人民党委員長の瀬長亀次郎さんが五〇年代に上京した時も日本の警察に尾行されていたことが米国立公文書館の保管資料で分かっている。

六〇年に県祖国復帰協議会が結成され

るなど、六〇年代は復帰運動が高揚した。当時、唯一の人民党所属の立法院議員だった古堅さんは要監視人物として尾行され、警察など日本政府が協力していたとみられる。

自身の監視記録である米公文書を読む古堅実吉さん

資料は、米国立公文書館に保管されていた米軍諜報機関作成の秘密指定文書(通称・IRR文書)。県公文書館が米国で収集し、同館にも収蔵されている。

古堅さんは「もはや占領下でもない本土で、このような監視活動が許されていいのか。まるで犯罪者扱いだ。政治活動や市民運動は本来、自由に認められた行動だ。監視は許されない。県民、日本国民に対し、日米両政府による許し難い人権侵害行為が過去から継続していることも、今回の文書で浮き彫りになった」と指摘した。

2015年10月1日付琉球新報1面

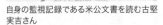

## ■本土でも尾行、日米一体の情報網

「一九六一年十月二十七日、信頼できる秘密情報源から寄せられた情報」「古堅実吉（琉球政府立法院議員、沖縄地域政党の沖縄人民党常任委員）は東京滞在中、左翼活動家といた」「米陸軍渉外分遣隊東京事務所、フランシス西岡」（米陸軍諜報機関作成の秘密指定文書「IRR文書」より）

六一年九月、古堅実吉（三二）は立法院議員としての出張で東京を訪れた。公務を終えた後も一カ月ほど滞在し、日本共産党などの政界要人、弁護士らでつくる自由法曹団などの市民団体と沖縄をめぐる情勢について意見を交わした。

五八年二月に裁判所職員を退職した古堅は、翌月の第四回立法院議員選挙に民主主義擁護連絡協議会（民連）の公認候補として初出馬した。その時は落選したが、六〇年十一月の第五回選挙で当選。その間に人民党へ入党した。弁護士資格も取得して、労働事件に取り組むなど、慌ただしい毎日を過ごしていた。

東京での案内役は、共産党員で沖縄出身の高安重正だった。高安が言った。「古堅さん、車を二回乗り換えますよ。必ず尾行されていますから」

労働者の権利などを唱えてきた共産党は戦前戦後、権力から狙い撃ちにされた。「さすがに慎重だな」。古堅はそう思いつつも、尾行されているという実感は伴わなかった。

だが、米から信頼される「秘密情報源」は実際に古堅を尾行し、監視していた。米国立公文書館には、その監視記録（英文）が保管されている。米陸軍渉外分遣隊東京事務所が「秘密情報源」から六一年十月二十七日に情報を受け、英文で作成されていた。六一年九月十五、十六、二十、二十五、二十七日における古堅の訪問先、面談相手を詳細に記録している。このうち十六日には古堅と日本共産党の野坂参三議長、二十日には自由法曹団の宮川寛雄弁護士と面談したと記録されている。これは当時の古堅の日記と一致している。このうち十六日の報告は次の通り。

「監視対象者（古堅）と高安重正は参議院会館に行き野坂参三を訪ねた。約一時間後、三人は新宿区千駄ケ谷の共産党本部に行った。党本部で人民党メンバーとみられる共産党本町支部の新垣幸吉と会った」「中野区役所に高安と行き、日本共産党中央委員会の神山茂夫、赤旗文化部門責任者で統一戦線構成員の牧瀬恒二、沖縄青年団協議会の比嘉昭子と会った」

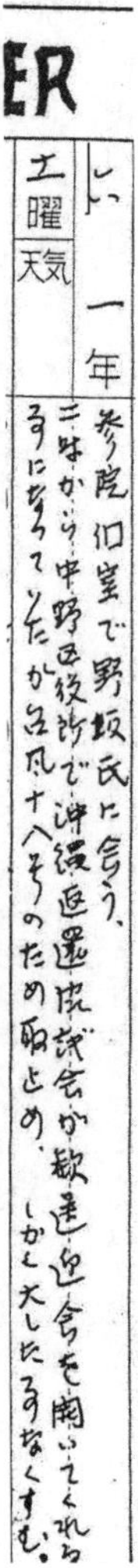
ER
土曜
天気
一年
参院個室で野坂氏に会う、二時から中野区役所で沖縄返還懇談会が歓迎会を開いてくれることになっていたが台風十八号のため取止め。しかし大したことなくすむ。

古堅実吉の日記から、1961年9月16日付の記載。「参院個室で野坂氏に会う」とあり、米公文書の尾行記録と一致する

古堅の同日付の日記には「参院個室で野坂氏に会う」などと記載されていた。監視記録と一致する。一方、一致しない記載箇所もあった。

五六年、瀬長亀次郎が戦後初めて上京して日本共産党の幹部らと面談した際も尾行されていた。米国立公文書館に保管されていた国家地方警察本部による監視記録で明らかになった。古堅の監視にも警察など日本政府機関が協力したとみられる。日本本土でも、米は監視網を張り巡らしていた。沖縄と同じく、米は日本の警察とのつながりを持った。

戦禍によって行政機能が消失した沖縄の警察は、一九四九年から日本本土の警察と関係

を再開した。沖縄民警察部長の仲村兼信が本土警察を視察するため上京し、連合国軍総司令部（GHQ）を介して国家地方警察本部（のちの警察庁）、警視庁の各長と面談して切り開いた。翌年から沖縄の警察官の本土研修派遣が始まった。

ちなみに沖縄民政府関係者の本土出張は四九年の仲村が初めてだった。この時、戦前の退職公務員の恩給についても陳情するため、仲村は恩給局を訪問したという。ところが、ある局長は公用目的外であることを指摘し、仲村にこう告げた。「CICに尾行されているから注意するように」

米軍占領下の沖縄から本土に派遣された警察官は、一九五〇～七二年の間で三九〇人余だった。その中に大舛重盛も含まれていた。大舛の兄は太平洋戦争中に戦死し、「軍神」と呼ばれた大舛松市だ。

大舛重盛は疎開先の台湾で敗戦を迎えた。戦後は嘉手納飛行場など米軍基地建設現場で働いた後、五五年から警察官になった。

戦中に少年警察官となり、戦後も警察官になった上原徹は、一中と警察の双方において、大舛の先輩に当たる。二人は知った仲だった。

一中鉄血勤皇隊員として沖縄戦を体験し、渡米後に米兵に徴兵された喜舎場朝介は、大舛の一中の同期生だ。そして警察を出入りしていたＣＩＣ渉外官の儀間昇とも、互いの職務を通じて顔見知りになった。

大舛は主に警務の道を歩むが、復帰後に改称した沖縄県警察本部では、のちに地元採用組のトップとなる刑事部長に上り詰めることになる。そんな大舛は沖縄の日本復帰前に、東京に二度派遣されていた。

最初は五九年、警視庁だった。翌六〇年、安保闘争のデモ隊であふれる国会議事堂を警備した。次は警部補だった六三年、警察大学校に通うためだった。街は一年後に控えた東京五輪で一色だった。

大舛には大学校への入校式で、忘れられない出来事がある。特別な意味を込めたつもりはないが、自己紹介の場で自然と次の言葉を口にしたのだった。

「私はアメリカでもない、日本でもない、その沖縄からきた大舛重盛です」

入校生一四〇人が静まり、一斉に大舛を見詰めた。沖縄への同情か、突拍子のない発言への好奇か。その感情を推し量れぬまま、大舛はそのまなざしだけが印象に残った。

## ■瀬長家への監視

一九六二年、那覇市楚辺の瀬長商店。買い物客を装い、ワイシャツ姿の男が現れた。商品を選ぶそぶりを見せつつ、店内に視線を送る。真の目的は「反米闘争のシンボル」として知られる沖縄人民党委員長、瀬長亀次郎の顔をじかに確認することだった。商店は瀬長の自宅を兼ねており、開業して十年になる。主な店番は妻フミや子どもたちだが、時折瀬長も入った。

店番をする瀬長亀次郎

沖縄人民党の瀬長亀次郎の自宅を兼ねた瀬長商店。左隣に刑務所監視塔が店を見下ろす位置に、道向かいに交番があった(内村千尋さん提供)

「これが瀬長か」。客を装った男の名は西岡スタンリー康成

（三六）。CIC諜報員で、この年沖縄に異動したばかりだった。ちなみに西岡の兄、フランシスも米軍情報部（MIS）の所属だ。六一年に東京滞在中の古堅実吉を対象とした尾行記録の米公文書には、フランシスの名が翻訳者として記されている。

西岡は瀬長と一言二言を交わし、商品を買った。余計な会話はしない。西岡は日系二世。話し方で米軍関係者と悟られることは避けようとした。

瀬長の家族も監視対象だったことは、米側の公文書で判明している。一九五四年の「人民党事件」で収監された瀬長に対し、瞳や次女の千尋が送った手紙は無断で没収されていた。また、瀬長の長女、瞳は進学のため五〇年代前半に、フミは市民団体の大会に参加するため五八年に、それぞれ上京しているが、二人も渡航先で監視されていたことが、米公文書で明らかになった。

実際、西岡も瞳の交際関係などを調べたことがあった。西岡は二〇一四年、取材に対して「CICは瀬長や娘の行動、交友関係を探った。日本共産党や中国、北朝鮮などとのつながりを警戒した」と証言した。

瀬長商店の奥には人民党本部があった。隣にはかつて瀬長を収監した刑務所。その監視所は所内だけでなく店を見下ろす位置にあり、店の向かいには交番もあった。警察官も店で商品を購入し、家族や出入りする党員の様子をうかがっていたという。瀬長家は米軍、琉球警察といった権力に四六時中監視されていた。

一九五二年に発効したサンフランシスコ講和条約。表向きは日本が主権を回復し、沖縄を日本から切り離したが、裏では日米一体の情報網が沖縄、日本全土で形成されていた。日米両政府のまなざし。それは土地接収など基本的人権を侵害され続けていた住民の姿よりも、「治安」の名目で日米の政策に異議を唱える人々に向けられていたのだった。

## 弁務官側近　将校の帰沖　1959〜1962年

### ■「友好の象徴」

一九五九年十一月、暗闇に包まれた米軍嘉手納基地の滑走路に一人の男が降り立った。目を閉じると米軍の砲火で荒廃した沖縄の景色、フィリピン沖で戦死した父の面影が浮かんだ。九歳で沖縄戦を体験した東恩納良吉（二四）は米兵として十二年ぶりにハワイから帰郷した。「こんな日が来るとは」。体が震えていた。

具志川村塩屋に暮らしていた東恩納は四八年四月、移民していた祖父が待つハワイのホノルルに単身で渡った。戦災から復興中の沖縄よりも、生活水準の高いハワイで教育を受けさせたいという親類の計らいだった。言葉の壁は四年ほどで乗り越えた。ハワイ大学に進学すると土木工学を学び、大学卒業前に妹と母もハワイに移った。

移民三世の東恩納も米国市民権を持っていたため、徴兵された。「どうせなら大学で得た知識を生かしたい」と大学併設の予備士官学校で訓練に臨んだ。士官学校に在籍中は手当も支給され、県人会組織の奨学金と合わせて学費に充てた。

大学卒業後に米陸軍へ入隊した。ワシントンの工兵隊訓練校で、異動先を言い渡された。希望地は欧州だったが、受け取った命令書に目を丸くした。沖縄だったからだ。

異動命令の前、東恩納を紹介する記事が新聞に掲載された。士官には身長規定があり、身長約一五七センチの東恩納は「小柄な士官候補生」と取り上げられ、さらに沖縄出身と記載された。それが人事担当者の目に留まったのだ。

沖縄に到着した東恩納は直ちに第二代高等弁務官のブースから呼び出された。高等弁務官は沖縄現地の米最高責任者であり、新米将校と面談したことは周囲にとって驚きだったという。東恩納はブースから任務内容を直接告げられた。高等弁務官に自由な使途の裁量を与えた「高等弁務官資金」を使い、水源や道路などの社会基盤整備を担当せよとの命令だった。もともと少佐級が担う役割で、三階級下の東恩納の配置は異例でもあった。

ALL THEY NEED IS A MERE FIVE INCHES:

3 Height Shy Outstanding UH Nisei Cadets Battling For Regular Commissions

身長が低い士官候補生と東恩納良吉（左）らを紹介する英字新聞

　東恩納は米国民政府（ＵＳＣＡＲ）の建物に詰めた。ブースはあえて「軍服で任務に当たるように」と指示した。米国民政府広報局は、里帰り直後の東恩納が塩屋で親類と再会したり、母校に凱旋《がいせん》したりする記録写真をわざわざ撮影している。米側には、沖縄出身の将校を「友好の象徴」として演出したい思惑があったかもしれない。

父方、母方双方の祖母らと再会した東恩納良吉（左端）＝1659年12月17日、具志川村塩屋（米国民政府撮影、県公文書館蔵）

## ■「沖縄の帝王」の横顔

戦禍で荒廃した沖縄の復興に、米兵として関わることになった東恩納。二年九カ月に及ぶ駐留の間、沖縄本島や先島、離島を駆け巡り、手掛けた事業は一〇〇件を超えたという。「高等弁務官資金」の交付が決まった地域住民に奉仕作業への協力を求めるなど、人件費抑制などに知恵を凝らした。

ところで、この弁務官資金は立法院議員などの選挙前に拠出されることが多く、米軍の宣撫工作との見方もあった。一九六〇年の立法院議員選挙では、定数二九に対し親米派の自民党が二二議席を占めた。米から敵視された沖縄人民党は五議席から一議席まで減らし、同党の瀬長亀次郎委員長は敗北の要因に「弁務官資金」を挙げた。

一方、東恩納に対し、ブースや後任のキャラウェイは「政治と関係なく使うように」と語ったという。東恩納自身も事業実施の際、政治色が入らないよう注意を払った。例えば議員の出身地など余計な情報を把握しないようにした。だから沖縄の地元新聞もなるべく読まないようにしたという。

西表島を視察した米軍将校の東恩納良吉（左）とキャラウェイ高等弁務官＝1961年11月27日、西表島の竹富町上原（米国民政府撮影、県公文書館蔵）

「沖縄の帝王」とも呼ばれた高等弁務官は、沖縄が日本に復帰するまで、六人が任命された。東恩納は、このうち二人の横顔を間近で見詰めた。東恩納によると「ブースは物静かで、穏やかな人柄」。瀬長の那覇市長追放など強硬だった前任ムーアに比べ、当時の報道などを振り返ると「ブースは協調的」と映ったようだ。スパイ罪を新設した改正集成刑法への反発を受けて施行を延期した。そのほか国際人権連盟の視察を認めたり、自由貿易地域設置など協調姿勢を示したりした。

対照的にキャラウェイは弁務官の権限をめいっぱい行使し、改革を断行した。琉球政府立法案に関する事前調整の強化や、金融界粛正などを実行し、これらの政策は「キャラウェイ旋風」とも呼ばれた。「自治は神話」とも発言し、住民の自治権を否定しているととらえられ、波紋を呼んだ。

「キャラウェイは一本気な性格で、仕事に臨む姿勢も生半可を許さなかった」。東恩納の目にはそう映った。その口調はきつく感じることもあるが、ただ、物事に対する考え方は柔軟だったという。東恩納には「沖縄の歴史を教えてくれ」と言うこともあった。

東恩納はキャラウェイから目を掛けられ、家族ぐるみで親交を育んだ。米国人の中でもキャラウェイは身長が低い方で、東恩納をわずかに上回る程度だった。「自身よりも背の低い将校だからか分からないが、わが子のようにかわいがられた」

キャラウェイと東恩納、護衛を含めた四人で西表島に野営キャンプに行ったこともあった。石垣島で出迎えた現地の少佐は高等弁務官に接し、緊張の色を隠せなかった。

キャラウェイが言った。「見ろ。彼の手が震えている」

東恩納が返した。「当然だ。スリースター（中将）のあなたの一言で、軍人人生が左右されるからだ」

冗談交じりにキャラウェイが続けた。「なぜ君はびくびくしない」

東恩納も笑いながら答えた。「いや、私はどうせ軍を辞めるから」

軍に残れば、さらなる学資金の援助や恩給などの恩恵もあった。しかし、東恩納は兵役を終えると軍人以外の道に進むと決めていた。

キャラウェイは東恩納を引き留めた。「軍と沖縄、日本の取引関係は今後も増える。軍を辞めないで活躍してくれないか」

しかし、東恩納は腹を決めていた。「何よりも命が大切。戦争で命を失えば無意味だ」。沖縄戦で戦場をさまよい、東恩納が得た教訓だった。

ハワイで出会った妻弘子も、上下関係が家族同士の付き合いにまで持ち込まれ軍隊生活に嫌気を感じていた。軍に未練はない。キャラウェイはやがて東恩納の除隊を認める書類にサインを書き込んだ。

東恩納は米兵となって沖縄に帰ってきた日を忘れられない。「夢か現実か分からない日だった。不安よりも悲しかったかもしれない」

駐留中、米兵によるタクシー乗り逃げの事件に遭遇した。被害運転手は東恩納の親類だった。連絡を受けた東恩納は軍服に着替え、逃げ込んだ先の部隊宿舎に訪れた。中尉に昇格していた東恩納は対応した大尉に物おじせずに告げた。

「私は沖縄の血を引いているが、米国人だ。私たちの下で働く兵士が米国内で同じ行為をした場合、あなたも許さないだろう」

大尉を説き伏せ、被害運転手に代金を支払わせた。

住民と米兵の車両事故があり、米軍憲兵隊が一方的に住民側に泣き寝入りを迫る場面にも立ち会った。住民側が不利にならないよう解決した。「軍服を脱いだ私はやはりウチナーンチュだった。理不尽を見過ごせなかっただけだ」

東恩納は除隊後、ハワイ州政府運輸局長や県人会組織のハワイ沖縄連合会会長を歴任する。そして日本復帰を果たした沖縄と米政府における対話の窓口を切り開いていった。

米陸軍対敵諜報隊（CIC）526分遣隊の渉外官だった儀間昇＝1964年11月（本人提供）

大衆運動をけん引し、教公二法阻止県民共闘会議議長も務めた喜屋武真栄＝1967年2月24日

## 「復帰前夜」交錯する思い　1960〜1972年

### ■沖縄教職員会

徐々に近づく歌声。「われらのものだ沖縄は　沖縄を返せ　沖縄を返せ」。県祖国復帰協議会（復帰協）が主催した「祖国復帰要求大行進」の参加者による大合唱だ。その取り組みは、米軍の沖縄占領から二〇年を迎えた一九六五年四月に始まった。行進団は沖縄本島を北上し、日本との〝分断線〟に面する辺戸岬を目指した。プラカードを掲げた参加者は「沖縄を返せ」を歌い、米軍基地のフェンス沿いを進んでいた。警戒に当たる米兵の中に儀間昇（三七）の姿もあった。

昇が米陸軍対敵諜報隊（ＣＩＣ）の渉外官になった一九六〇年、復帰運動をけん引する復帰協が発足した。政党や労働組合、市民団体などで構成され、結成当初は十七団体、復帰した七二年には四六団体が加盟していた。沖縄教職員会はその中核だった。

昇は月二回、教職員会事務局に顔を出した。米国への抗議から復帰要求など各集会やデモ行進などに関する日程、総会資料などの情報を入手した。翻訳して上層部に伝え、当日の警備に生かされた。昇によると、復帰運動で存在感を占める教職員会が反米的、左翼的な活動になるべく傾かないよう、米側は特に警戒していたという。

昇に応対したのは教職員会事務局長で、復帰協会長を歴任した喜屋武真栄だった。復帰に先駆けて実施された七〇年の国政選挙で、喜屋武は革新統一候補として参院議員に当選し、国政で活躍した。

喜屋武は「別に何も隠すことはないよ」と情報を出し惜しみしなかった。実直な喜屋武の人柄に、昇も次第に引かれた。「治安のためだ」と話す昇の立場にも理解を示し、協力的だった。昇は「喜屋武さんは誠実で、とても正義感の強い人」と好感を抱いた。

■教公二法

六七年二月、立法院議会棟を取り囲む人々と警察官がにらみ合っていた。「教公法、絶対廃案」。人々の怒声が飛んだ。

警察部隊の中に那覇署員の上原徹（三八）も含まれていた。同僚が叫んだ。「危ない。よけろ」。次に飛んできたのは石つぶやコンクリートの塊。鉄かぶとは警察官全員に行き渡らず、上原も腕を上げて頭を守った。恐怖で身がすくんだ。

教公二法をめぐり、衝突する人々と警察官。双方に負傷者が出た＝1967年2月24日、那覇市の立法院議会棟前

教公法とは、立法院で制定の動きがあった「教育公務員特例法」と「地方教育区公務員法」の二法を指す。これらは「教公二法」とも呼ばれた。年金制度、出産前後の休暇など教員の身分を保障する半面、政治行為の制限や争議行為の禁止などを盛り込んだ。事実上、復帰運動をけん引していた教職員

の政治活動を奪うものとして反発を招いたのだった。抗議する人々の先頭には、喜屋武真栄の姿もあった。教公法への反発は当事者の教員だけにとどまらず、民衆の権利を制限する弾圧だとして、やがて多くの人々が法案反対の意思を示すため、立法院前に結集していった。

二月二十四日早朝、親米与党の民主党が強行採決を図ろうとし、警官隊約九〇〇人が警備のため動員された。阻止しようとする約二万人と激突し、双方の負傷者が一〇〇人に上る事態になった。

上原は目の前に現れた女性を忘れられない。「警察官に手を出させないためのデモ隊の作戦だったかもしれないが、やがて警察とデモ隊の激しい衝突に巻き込まれ、女性が悲鳴を上げたんだ。その声がずっと耳に残っている」

沖縄人民党所属で、立法院議員の古堅実吉(三七)は棟内の議員控室の窓から外に出た。

「教公二法闘争は単なる教職員の基本的権利や待遇を求めたものではない。沖縄の未来は沖縄が決めるという闘いだ」。古堅は建物のひさしの上に立ち、眼下の光景に圧倒された。民衆の底知れぬ怒りを感じたからだ。そのうねりに泣きだす警察官もいた。

その日の本会議は中止され、教公二法は廃案に追い込まれた。議会内で多数派が強行採決しようとした法案に対し、外の大衆運動がこれを阻止した。日本の歴史でも前例のない事態だった。

『沖縄県警察史第三巻』は教公二法闘争を次のように記している。「沖縄における警察史上例のない警備陣の敗北」「相手が教職員ということもあり、恩師と教え子が現場でやり合わなければならないという悲劇もあった」「敗北感もあり、退職者が続出する」。日米間で翻弄され続けた沖縄では、最前線で住民同士が対立させられたのだった。

教公二法闘争から二年後、上原は警察官を辞めた。

## ■「コザ騒動」

一九六六年、昇は沖縄駐留のCIC五二六分遣隊から米本国の基地に異動した。その次は神奈川県座間の第五〇〇情報部隊で機密文書の管理任務に就いた後、軍属になるため六九年十月三十一日で退役した。異動命令に絶対服従の軍人と違い、軍属は希望通り沖縄に残留することができたからだ。恩給受給資格を満たす兵役二〇年の節目を迎えたことも

「コザ騒動」で燃やされた車＝1970年12月20日、コザ市

契機だった。その約三週間後、沖縄の日本復帰が佐藤・ニクソン会談で決まった。

七〇年四月、軍属になった昇は沖縄に戻り、再びＣＩＣ渉外官を務めた。コザ騒動が起きたのは、この年の十二月二十日だった。

コザ市で未明、住民をはねた米兵運転手を憲兵隊が現場から帰そうとしたため、居合わせた人々が抗議した。憲兵隊が威嚇発砲し、それが住民の怒りに火を注いだ。抗議する人々が米軍関係者の車両約八〇台を焼き打ちする、「コザ騒動」に発展した。

その前日には米軍嘉手納弾薬庫の毒ガスに対する県民大会も開催され、約一週間前には住民をひき殺した米兵に対する無罪判決もあった。民衆の怒りは頂点に達していたのだ。

事件翌日、昇はコザ署を訪れ、現場に立ち会った警察官から当時の状況を聞き取った。昇は報告書に「MPの対応は行き過ぎだった」と記した。

コザ騒動から三日後には、参院沖縄特別委員会が国会で開催された。委員だった喜屋武真栄が日本政府の要人らをまっすぐ見詰め、問い掛けた。

「軍政下の二五年間、こらえにこらえ、耐えに耐えてきたものがとうとう爆発した。国によって保護されない人間の惨めさ、憲法によって守られない人間の無力さを嫌というほど味わわされてきた実態を、本土はどれだけ知っているのか」

監視する側と監視される側。立場の異なる昇と喜屋武だったが、いつしか親しくなり、酒を飲み合う間柄にもなっていた。昇は米軍牧港住宅地区(那覇市)にあった自宅に、喜屋武を招くこともあった。喜屋武は時折、昇にこう言った。

「米側に沖縄の思いを、沖縄の声を、きちんと届けてくれ」

昇は戦前、母校の県立第二中学校で軍事教練に臨んだ。戦後、那覇高校と改称した母校では「島ぐるみ闘争」などの県民大会も開催された。かつて「打倒米英」と叫ぶことを強いられた場所で、のちに米兵として沖縄の人々を監視した。それが昇の歩んできた道だ。

「僕は情報を軍に伝えることしかできなかった。だけど、ウチナーンチュの一人として、沖縄の立場から沖縄を見詰め、沖縄の声を受け止めることができたのは僕だけではないだろうか。だから、できるだけ沖縄にとって良い方向になるようにと報告したんだ。僕は懸け橋になりたかったんだ」

復帰まで半年を切ると、CICの態勢も縮小されていた。那覇市東町やコザ、名護の現地事務所は撤退した。米軍牧港補給地区内の事務所に統合され、人員は昇を含め四〜五人までに減らされていたという。教職員会や警察を回って顔を見せる、そんな情報収集活動もいつしか不要になった。そして一九七二年五月十五日、沖縄は日本に帰った。

## NIS 米海軍調査局 1972〜1977年

■米軍再編
一九七二年五月十五日、沖縄は日本に返還された。二七年に及ぶ米国統治が終わった。

米海軍、米海兵隊の兵士に絡む事件を捜査する米海軍調査局（NIS）沖縄事務所の職員。前列右端が儀間昇＝1980年5月5日（本人提供）

かつて日米両政府が軍事力を衝突させた結果、多くの住民の命が奪われた地が沖縄だった。返還に伴う在沖米軍基地の撤去は沖縄の願いだったが、日本政府は米軍基地の存続を容認しただけでなく、自衛隊も沖縄に配備した。日米安保の名の下、沖縄の願いは無視された。

儀間昇が所属したCIC五二六分遣隊は復帰前に体制を縮小した。復帰後しばらくすると、キャンプ座間（神奈川県）に本部を構える五〇〇情報部隊に吸収された。昇は五〇〇部隊沖縄地域事務所の軍属として、米軍基地内の警備、治安維持の任務に専念した。

復帰前と同様に米軍基地従業員の労働組合関係者をはじめ、七〇年代初めから活動が活発化した反戦運動を展開する在沖米兵（反戦米兵）の動向などに目を光らせた。監視対象者の経歴や犯罪歴などの情報についても沖縄県警察本部から入手した。

復帰前の在沖米軍基地のうち、陸軍施設が五二・九%を占めていたが、復帰後は海兵隊がその座を占めるようになった。

七五年六月、キャンプ瑞慶覧の施設管理権が陸軍から海兵隊に移管された。翌月、在沖米軍を代表する四軍調整官（在日米軍沖縄地域調整官）が陸軍司令官から海兵隊司令官に代わった。七七年に辺野古弾薬庫、七八年に牧港補給地区も陸軍から海兵隊に移った。七六年に第一海兵航空団司令部中隊、七九年に第十七海兵航空団支援群が山口県の岩国基地から沖縄に移駐もしていた。

在沖米軍の再編が進む中、七五年五月、昇は米海軍調査局（NIS）の沖縄事務所の調査官になった。

NISは六六年、米海軍情報部（ONI）から独立して発足した捜査機関だ。海軍と海兵隊の兵士が関与する殺人などの凶悪犯罪、さらに薬物や銃器類の密輸など重犯罪事件の捜査を主な任務とした。同じ米軍捜査機関に犯罪調査部（CID）もあるが、NISは量刑がより重い事件を取り扱ったという。

ＮＩＳはＣＩＣと同じくスパイ防止（防諜）の任務も帯びていた。昇がＮＩＳに入った七五年五月に発表された米国上院議会情報活動調査特別委員会の報告書では、ＮＩＳが七〇～七四年、沖縄を含めた在日米軍基地所属の反戦米兵を基地外で監視していたことも明らかになっている。一連の報告では、原水爆禁止沖縄県協議会の芳澤弘明理事長も沖縄の反戦米兵の支援者として、ＮＩＳ側に名を挙げられていた。

昇によると、ＮＩＳは「英語と日本語が堪能で、沖縄の捜査機関に顔が利き、警備情報も入手できる人材」を欲していた。

沖縄では復帰後も、依然と反基地運動が続いていた。海兵隊やＮＩＳの幹部は基地外で繰り広げられる反基地運動が、基地内に飛び火しないかと気にしていたという。警察など日本の捜査機関との良好な関係構築も、引き続き重視された。その橋渡し役として、昇はまさに最適任者だった。五〇〇情報部隊の上司の勧めもあって、昇はＮＩＳに転属した。

ＮＩＳでいざ勤務すると、昇自らが警備情報を収集することは、ほとんどなかった。名刺の肩書きは調査官だが、県警本部や各警察署、検察庁、税関、麻薬取締局、入国管理局、海上保安庁といった日本側の捜査機関とＮＩＳ捜査官をつなげる渉外の役回りだった。日米の各機関の合同会議を取り仕切ったり、関係者の懇親会などを催したりした。

米軍の駐留に合わせ、ＮＩＳは世界各地に地区本部を設置した。沖縄事務所は極東地区本部（横須賀基地内）の分所だった。昇が転属した当初、沖縄事務所は米軍キャンプ・コートニーにあり、後にキャンプ瑞慶覧に移動したという。昇も詰めた沖縄事務所の本部とは別に、捜査官の現場事務所が瑞慶覧とキャンプ・ハンセンに設置され、管轄下の事件を調べたという。

昇の在任中、歴代の所長と捜査官は軍属だった。専門の訓練を終えた者が捜査官として認められた。わずかに軍人のＮＩＳ要員もいたが、証拠品管理などを担当していた。沖縄出身者も通訳者として採用され、全体の一割程度いた。昇が実際の捜査現場に出ることはまれで、事件の聞き込みに協力する程度だった。

七五年当時のＮＩＳの人員は十二人ほどだったが、海兵隊の増強に伴いＮＩＳも倍増されたという。昇によると、ＮＩＳが対応しなければならない米兵絡みの事件事故が基地の内や外で、増えたためだった。

県立第二中学校32期生の卒業式に参加した儀間昇（3列目右から4人目）。32年越しに卒業証書を受け取った＝1977年6月25日、那覇高校体育館（本人提供）

■三二年越しの卒業証書

沖縄の日本復帰から五年後の一九七七年六月二十五日、那覇高校体育館。スーツ姿の男たちがパイプいすに座っていた。同校の前身、県立第二中学校の三二期生たちだ。米軍が沖縄に上陸した四五年春、昇たちは卒業式を迎えることができないまま学徒兵として戦場に動員された。白髪が目立つ者もちらほらといる中、四九歳になった昇の姿もあった。

「儀間昇君」

昇が席を立ち、壇上に向かって歩きだした。卒業証書を受け取るためだ。あの日から三二年余りが経過していた。

三二年越しの卒業式には三二期生六十人、恩師二一人、遺族四人が参加した。入学当初二〇〇人いた同期生たちは途中から予科練に入ったり、疎開したりで散り散りになった。戦争で命を落とした二中生は全体で一八六人、このうち三二期生は三三人だった。昇ら卒業式の参加者は目を閉じ、黙とうをささげた。

学友はそれぞれの道を歩んでいた。米国総領事館の職員、労働組合の指導者、政治家……、そして米兵。同期会は定期的に開催され、昇も参加して親交を温めた。

友は米兵になった昇を問い詰めることはしなかった。ただ、CIC時代の昇が警戒される出来事はあった。あるパーティーで、友の一人と偶然会った。昇がCICと知っていたのだろう。友は昇に気付くと、「君と話すことはない」と慌てた。友は沖縄人民党の党員だった。「相手にも立場があるから」。昇は苦笑いし、その場で、それ以上に声を掛けなかった。

卒業式の話題は同期会のたびに上っていた。だが、戦争で亡くなった友への後ろめたさもあって、皆が行動に移せずにいた。

七七年は三三回忌の節目だった。「友の死を未来に生かし、気持ちにも踏ん切りを付けよう」。そう呼び掛けがあり、ようやく卒業式が実現したのだった。式典の壇上に昇が立ち、恩師の一人が卒業証書を渡した。「右ハ本校ノ課程ヲ卒ヘタリ仍《よ》テ之ヲ證《しょう》ス」の文言、そして「昭和二十年三月三日」の日付が記されていた。証書の重みと胸に込み上げる思い。それらを感じながら昇は再び歩きだした。

ワインバーガー米国防長官（右）に米軍基地の問題解決を訴える西銘順治知事（中央）＝1985年6月7日、米ワシントンの国防総省

## 訪米要請　ハワイ県系人の協力　1985〜1993年

### ■知事の依頼

一九八五年六月七日、米ワシントンの国防総省。軍事超大国の中枢を担う建物の一室で、ワインバーガー国防長官と西銘順治沖縄県知事が会談の席に着いていた。「沖縄の基地問題解決のため熱心に取り組んでほしい」。日本の一自治体の首長が国防長官に直談判する。極めて異例といえる状況だった。会談を実現させた立役者の一

人、ハワイに暮らす県系移民三世の東恩納良吉（四九）も同席し、言葉を交わす二人を見詰めていた。

さかのぼること一カ月余り前、東恩納は沖縄を訪れていた。「相談したいことがある」と西銘から呼び出されたのだ。迎えの車に乗り、那覇空港から知事公舎に向かった。午後九時を回っていた。

沖縄で生まれ育った東恩納は九歳で沖縄戦を体験した。米国市民権を持っていたため、沖縄戦から三年後にハワイに渡り、五九年に徴兵で沖縄に駐留した。工兵隊将校として沖縄のインフラ整備に関わり、那覇市長だった西銘とは沖縄駐留時代に知り合った。退役後はハワイ大講師を経て、アリヨシ州知事の下では州運輸局長の要職も務めた。復帰後、知事の西銘、運輸局長の東恩納は公務でも再会した。

八四年十一月、知事二期目の西銘は山積する基地問題を解決に向け、米政府に直接要請する「訪米要請」を実施することを表明していた。「基地が沖縄に過密にあり、それゆえいろいろな基地問題が派生している。来年夏に訪米し、問題の実情と解決を訴えたい」。西銘は一期目から基地問題解決のため、「場合によってはワシントンに乗り込む」と言及していた。八四～八五年にかけてB52爆撃機の相次ぐ飛来、米兵による住民殺害事件、金武町での流弾事故など事件事故が多発した。現地米軍と交渉しても抜本的解決につながらず、らちが明かない状況が続いていた。

西銘は外務省や防衛庁、在日米大使館、在沖米軍、さらには安倍晋太郎外相、竹下登蔵相、マンスフィールド駐日米大使らと直接接触し、国防長官をはじめ米要人との会談の協力を求めた。だが訪米予定日を一カ月後に控えた時点で返答は全くなかった。

「何とか国防長官に会えないか」。知事公舎に到着した東恩納に対し、西銘が切り出した。東恩納はすでに州職員を退き、土木関係のコンサルタント会社の代表に就いていた。東恩納は、県人会組織「ハワイ沖縄県人連合会」の会長でもあった。八五年のハワイ州人口は約一〇〇万人。このうち日系人は約二四万人、県系人は約四万五千人を占めていたとみられる。県系人はハワイの政財界で存在感を発揮し、一定の影響力もあった。

西銘が続けた。「県内には未使用な軍用地も多く、取り戻したい。事件事故を起こした軍関係者の身柄が沖縄側に引き渡されない地位協定の問題もある。県民感情や沖縄の文化が米軍に理解されていない要因も大きい。米国政府に直接伝え、働き掛けたいんだ」。万策尽きかけた西銘は、いちるの望みを東恩納と県系人の人脈に託したのだった。

「私はそのような政治活動をしたことがない」。困惑した東恩納が答えた。

「あなたは以前軍人で、州政府の幹部だ。ワシントンにも、つながりがあるはずだ。何とか窓をつくってくれないか。できるはずだ」

「考えておきます」。東恩納はそう返答するしかなかった。

ハワイに戻った東恩納は直ちに州選出上院議員で、日系二世のスパーク・マツナガに相談した。東恩納はマツナガの選挙を応援し、懇意にしていた。マツナガと西銘は面識もあり話は早かった。「動いてみる」。マツナガが即答した。マツナガは第二次世界大戦中、日系二世部隊「第四四二連隊戦闘団」の兵士で、国防総省にも影響力を持つと言われていた。

しばらくして、マツナガの秘書から連絡があった。面会予約を確保できたとの知らせだった。事態が急変した。

西銘は五月十六日、国防長官との面会日程が確保された連絡を東恩納から受けた。外務省が西銘に連絡したのは翌十七日だった。

西銘は訪米要請に同行した東恩納に対し、「日程確保の知らせに一瞬、本当かと疑った。

竹下さんらに相談しても音沙汰がなかったことだから」と打ち明けた。

東恩納が返した。「日本やアメリカの政府に正面から交渉しても、決定に至るまで多くの人間が絡む。だから時間がかかるんだ」

基地問題解決を訴えるため西銘順治知事（左から2人目）の訪米要請に同行した東恩納良吉（同3人目）＝1988年4月、米ワシントン（東恩納さん提供）

西銘の最初の訪米要請は六月に実現した。知事として初の訪米要請だった。沖縄の声を米中枢に直接届ける機会を得たことは、大きな成果だったといえる。

三期目に入った西銘は八八年、二度目の訪米要請を実施した。その際、同行記者にこう語った。「要請が実現したのは外務省、防衛庁のおかげではない。東恩納さんの力だ」

■基地軽減の願い

東恩納は知事二代にわたる訪米要請に通訳を兼ね

て同行した。保守の西銘県政では一九八五年と八八年、革新の大田昌秀県政では九一年と九三年に帯同した。東恩納は都合が許す限り協力した。移動や宿泊、食事などの必要経費を除き、県からの手当を一切断った。

「私はウチナーンチュだ。沖縄のため手伝うことは当然のことだ」

県政が保守、革新のどちらであろうと関係ない。大田県政の訪米要請では、東恩納は州選出の上院議員ダニエル・アカカから協力を得て、米国要人との面談に奔走した。

九三年六月、大田を団長とする訪米要請団はハワイの米太平洋軍司令官らと面談し、基地の整理縮小や訓練移転を求めた。この要請では、基地問題を担当する知事公室長の高山朝光（五八）と東恩納も一緒だった。

高山は米国留学経験者で、ハワイや米本土に暮らす県人、県系人との人脈を築いていた。九二年にNHK沖縄放送局職員から民間起用された。東恩納と同年の戦争体験者であり、四五年の沖縄戦では、弾雨が降り注ぐ沖縄本島北部の山中を逃げ回った。

「東恩納さんは住民として沖縄戦を体験し、米将校として占領者側から戦後の沖縄を見詰めた。両者の考え方の隔たりを埋め、問題解決に近づける存在だったのではないか」。

のちに当時の要請を振り返った高山の言葉だ。

東恩納は県人会活動などで、年に数回は沖縄、日本本土へ訪問している。なりわいとした土木コンサルタントでは、岩国基地（山口県）の排水施設事業を受注し、基地の恩恵も受けた。しかし、沖縄の基地負担の軽減を願う、一貫して変わらない思いを抱いている。

東恩納は西銘と大田の両知事に、問い掛けたことがある。「復帰前、日米の政府は沖縄の声を聞かず基地に関することを決定した。日本国民の大多数は沖縄の苦難の歴史や過重な基地の現状を知らないだろう。それが最大の問題だ。日本国民の理解を広げることが解決の近道ではないか」

## 問い掛け　半世紀続く重圧　1982〜1996年

### ■地位協定の壁

「今だ」。米海軍調査局（ＮＩＳ）の合図で、沖縄県警察本部の警察官らが米海兵隊員の

米海軍調査局（NIS）の渉外役だった儀間昇（左）。捜査に協力したとして、NIS所長が県警幹部に感謝状を贈った＝1989年3月9日、石川署

身柄を押さえた。一九八二年三月八日、沖縄の男性（四八）が金武町金武区の墓地で撲殺される殺人事件が発生した。目撃情報から犯人の米海兵隊員が浮上し、県警は十一日に逮捕した。その逮捕場所は犯人が所属する米軍キャンプ・ハンセン内。通常なら日米安保と地位協定の壁が立ちはだかり、日本の捜査権が及ばない場所だ。県警がNISの協力で、障壁を乗り越えた瞬間だった。

日本に駐留する米軍人、軍属らの身分の取り扱いなどについて、日米両政府による取り決めが「日米地位協定」だ。協定十七条は刑事裁判権について定める。このうち五項Cは日本側が第一次裁判権を持つ事件でも、米側が身柄を押さえている場合、日本側が起訴するまで引き続き拘禁できると規定する。事件事故を起こした米兵が基地に逃げ込むと、警察は手出しができない。復帰前から続く現実だ。復帰後は、この地位協定の壁も沖縄県民の前に立ちはだかった。そして際立ったことは協定の見直しに消極的で、対米追従な日本政府の姿勢だった。

復帰から四カ月後の七二年九月、海兵隊員が金武町のキャンプ・ハンセン内で基地従業員の男性を射殺する事件が発生した。米軍は米兵を県警に引き渡さず、県民の反発を買った。ほんの一例だ。沖縄県警が容疑者の米兵を逮捕できない事件が相次いでいた。

県警によると、七二〜二〇一五年末までに米軍構成員（軍人、軍属、家族）の凶悪犯（殺人、強盗、放火、女性暴行）は五七四件で、沖縄の住民が被害者の殺人事件は二六件起きた。

情報機関・米陸軍対敵諜報隊（ＣＩＣ）の要員だった儀間昇は七五年五月、ＮＩＳに転属した。九二年、ＮＩＳは米海軍犯罪調査局（ＮＣＩＳ）に改称した。昇は九五年一月に退職するが、その頃にはＮＩＳの人員は五〇人ほどだったという。

昇のＮＩＳにおける主な仕事は渉外役だった。警察や税関、麻薬取締局など各捜査機関とＮＩＳをつなぐことだった。捜査協力が円滑に進むよう良好な関係を築くことに腐心し、警察官と懇意にした。

米軍構成員による事件事故が起きるたび、県警は身柄引き渡しや軍管理下の構成員に対する事情聴取を米軍に要請した。その窓口の一つにはＮＩＳも含まれていたこともあり、昇が要請の場に立ち会ったこともあった。「容疑者の米兵を引き渡してほしい」。ＣＩＣ時代から顔なじみの警察官がそう訴えていた。

八二年三月に金武で起きた殺人事件は、県警がキャンプ・ハンセン内で米兵を逮捕するという特例といえる事例だった。昇によると、県警の要望に応える形で、ＮＩＳ沖縄事務所の米国人所長が協力したという。昇には「所長は正義感の強い人だった」と映った。

ところが、のちに在日米海軍横須賀基地の法務担当局が介入してきた。沖縄のＮＩＳの対応は行き過ぎで、地位協定を適正に運用していないと言ってきたのだ。この一連の出来事で、所長は注意を受けたという。その後は地位協定の順守を徹底するよう、確認態勢が厳格になった。

「そんな悪いやつら、さっさと引き渡せばいいのに」。昇の正直な気持ちだった。一方、「国と国の約束事で米軍が日本に駐留している。米国が自国民の地位や利益を守るため法

米軍人による少女乱暴事件を糾弾し日米地位協定の見直しを要求する県民総決起大会＝1995年10月21日、宜野湾海浜公園

整備することは当然だろう」と協定の趣旨をそう理解していた。

沖縄の復帰後も、米軍基地絡みの事件事故はやまなかった。日米の間で翻弄され続けた昇はウチナーンチュとして、ある思いを抱くようになっていた。

「沖縄が反対を続ける中で、外国の軍隊が長期に駐留していることがそもそも問題だ。解決方法は軍隊を減らすしかない」

■少女乱暴事件と普天間返還

昇が米海軍犯罪調査局（ＮＣＩＳ）を去った約八カ月後、たまりにたまった県民の怒りが爆発した。一九九五年十月二十一日、「米軍人による少女乱暴事件を糾弾し日米地位協定の見直しを要求する県民総決起大会」が開催された。沖縄本島の宜野湾市で約八万五千人、宮古島で約二千人、石垣島で約三千人が結集し、「日米両政府は沖縄の心、沖縄の痛みを知れ」と怒りの声を上げた。

その一カ月余り前、米兵三人による少女乱暴事件が発生した。犯人は海兵隊と海軍の所属。NCISが身柄を拘束したが、やはり起訴されるまで日本側に引き渡されなかった。少女の尊厳を奪う凶行と半世紀に及ぶ米軍基地の弊害に対し、県民の怒りがマグマのように噴出したのだった。

人波が会場に押し寄せた。この日、中国出張から帰任した大田昌秀知事は那覇空港から直接会場に向かった。渋滞によって会場入りが遅れることを避けるため、釣り船で海を進み、到着した。「これまで沖縄は協力を余儀なくされてきた。今後は日本政府や米政府が協力する時だ」。大田は壇上でこう発言し、軍用地の強制使用に伴う代理署名を拒否する強い姿勢を打ち出した。のちに米軍楚辺通信所（読谷村、通称・象のオリ）の一部土地の提供に対する代理署名の拒否につながり、国が沖縄県民の土地を不法占拠するという事態になった。

この県民大会の会場には衆院議員、古堅実吉（六六）の姿もあった。学徒兵として沖縄戦を体験し、復帰前に沖縄人民党員という理由でCICなど米軍監視網にさらされた。復帰後は日本共産党所属の国会議員として、長年基地を沖縄に押し付け、不条理の実態を放置してきた日本政府の責任について、国政の場で追及してきた。

古堅は大会壇上で身震いが止まらなかった。「日米両政府を揺り動かそうとする県民の底力を目の当たりにした。基地がある限り、このような米軍犯罪はなくならない。日本はこれでも主権国家かと思うほど、日米地位協定は屈辱的な内容だ。これからも県民の先頭に立って闘う」。あらためて、そう決意した。

NCISを去った昇が少女乱暴事件に関わることはなかった。ただ、事件や県民大会など一連の成り行きを、昇も報道を通して注目した。数多くの米兵による事件事故を見聞きしてきた昇にとっても、この少女乱暴事件が最も記憶に刻まれた事件になった。

「普天間飛行場をなくした方がいいのか、それとも残した方がいいのか」

県民大会から約半年後のある日、米軍普天間飛行場所属ヘリ部隊の隊長を務める米軍幹部が、昇に問い掛けた。この幹部とは家族ぐるみの古い付き合いだ。夕食を共にしていた時、ふいに質問された。

　少女乱暴事件の発生以前から、県は基地問題解決の柱の一つとして、普天間飛行場の全面返還を求めていた。九五年五月には、人間の鎖の包囲網が普天間飛行場周辺で初めて実施された。大田知事は四回目の訪米要請で、普天間飛行場の返還を盛り込んだ。宜野湾市も九五年二月、跡地利用構想を発表していた。

　昇は軍属として沖縄に再赴任した一九七〇年以来、宜野湾市嘉数で暮らす。隠居生活を過ごす自宅は七二年に購入し、普天間飛行場を離着陸する米軍機の飛行経路下に位置している。真夜中、米軍用機の爆音で飛び起きた体験は数え切れない。昇は即答した。

「沖縄の反対を押し切ってまで、外国の軍隊が長く駐留することは良くないことだ。半世紀はあまりにも長い。住民の反感を生むだけで米本国にとっても得策ではない。だから全面返還した方がいい」

「その通りだな」。米軍幹部はそう相づちを打った。

　この会食から数日後だった。九六年四月十二日、橋本龍太郎首相とモンデール駐日米大使は共同会見を開き、普天間飛行場の全面返還合意を発表した。

# エピローグ　2014～2015年

「二中健児の塔慰霊祭」。戦後70年を迎え、二中同期生の空席が目立つ＝2015年6月23日、那覇市楚辺の城岳公園

## ■証言者たち

昇への本格的な取材は二〇一四年春に始まった。妻スミ子と愛犬一匹と共に暮らす宜野湾市の自宅で、一年半に渡り取材に応じた。沖縄戦の体験や戦後の証言はこれまで数多く残されている。その中でも、学徒兵から米兵となった昇の証言は一段と数奇だといえた。

昇は保管していた米軍関係の資料や写真などを取り出し、淡々とした口調で振り返った。昇の戦争体験は「玉城村史」や、県立第二中学校三二期生が発行した戦争体験集「戦世を生きた二中生」にも収録されていた。また、今回の取材以前に、複数の報道機関から取材を受けたこともあったという。だが、それらは沖縄戦体験に限ったもので、米兵時代の話を聞かれるものではなかった。「CIC時代を話したことはない。あえて話題を避けていたわけではなかった。ただ、聞かれなかっただけだ」

昇を介して、米占領下の沖縄で活動した米陸軍対敵諜報隊（CIC）五二六分遣隊の元諜報員で、ハワイのオアフ島に暮らす西岡スタンリー康成にもたどり着いた。昇と西岡が二人を写した写真を見せられたのがきっかけだった。米占領下の沖縄におけるＣＩＣの活動全容は謎に包まれたままだ。二〇一四年六月、昇のハワイ行きに合わせ、西岡に取材を申し込んだ。

西岡が待ち合わせ場所に指定したのはオアフ島カネオへのショッピングモール。モール内のフードコートに向き合って座り、取材に応じた。身長は昇と同じ程度で一六〇センチほど。日本語で受け答えし、はっきりとした口調は八八歳という年齢を感じさせず、若く感じさせた。自ら白のセダンを運転し、一人でモールを訪れた。

取材に応えた西岡スタンリー康成＝2014年6月、米国ハワイ州

西岡は熊本県移民の二世で、ホノルル熊本県人会の会長も務める。愛想は良く、柔和な印象を覚えた。ＣＩＣに関する取材を受けるのは今回が初めてだという。「何が聞きたい」。口調は穏やかな半面、取材の意図を探るようだった。

西岡は政治や経済の各分野から情報を得るため、政治家の西銘順治、国場組創業者の国場幸太郎ら政財界の要人と重点的に接触した。共産主義とみなした沖縄人民党に資金が流れないよう警戒し、親米派の政党や企業までの資金を徹底的に調べた。車や徒歩で尾行し、人民党員の瀬長亀次郎、その家族の動向も警戒した——。監視者のみが語る秘話。謎だった戦後史の一部に、ようやく近づけた気がした。

一九五〇年代、CICから拷問されたという人民党員の証言も残されている。西岡らの駐留時期と異なるものの、質問で「尋問対象に暴力を加えたことはあるか」とぶつけてみた。西岡は暴力行為をかたくなに否定し、こう強調した。「瀬長たちが求めた復帰も理解できるし、米軍に反対の意思を示すことも問題ない。CICが最も警戒したことは基地を攻撃するなど実力行使だ。デモが拡大し、暴動に発展することを防ぐことが任務だった。その危険性があるか、ないか。そのことに注目していただけだ」

西岡は恩給の受給資格に達した六六年、沖縄任務を最後に退役した。その後二十年、軍属として勤めた。現在も熊本をはじめ日本本土を頻繁に訪れている。ハワイを行き来する昇とは現在も連絡を取り合う仲で、来沖も誘われている。だが、六六年以来、沖縄には足を踏み入れていない。

「ＣＩＣは治安の維持を気にしていたが、米軍に批判的だからという理由だけで、監獄に入れることはないし刑罰を与えることもなかった。だから悪くは書かないでほしい」。別れ際、西岡はこう念を押した。

オアフでは別の元ＣＩＣ所属兵で、パールシティに暮らす県系二世の大城義信（八六）も二〇一四年六月、取材に応じた。西岡の役柄とは一線を画すものの、大城も一九四六〜四九年に舞鶴と神戸で駐留し、もっぱらシベリア帰還者への尋問を担当した。四九年に陸軍を除隊後、五〇年にハワイ大学入学と同時に予備兵に登録。その後は農業学を学びつつ、のちに転籍した空軍では将校になった。以後、軍と教育機関の往来を繰り返す道を歩みながら、両親の故郷、南風原町とハワイの交流事業に長く携わってきた。沖縄には頻繁に訪れ、二〇一四年十二月には沖縄県平和祈念資料館で、比嘉武二郎と共に講演している。

大城は幼少の頃、真珠湾攻撃を目の当たりにした。大城は沖縄の現状について触れ、尖閣列島をめぐる中国との関係悪化や、与那国島への自衛隊配備などに言及し、「平和のために必要かもしれないが、危ない気もする。新たな火種にならないか」と表情を曇らせた。

戦争は当事国双方の住民を翻弄し、苦しめるだけにすぎない。ハワイに暮らす県系二世の比嘉武二郎も元通訳兵だ。十六歳まで沖縄で暮らし、日米開戦前にハワイに戻った。沖縄の地理に詳しいため、米軍の沖縄上陸作戦をいち早く知る立場になり、沖縄を案じて葛藤した。戦後はハワイの国税当局で働いた。頻繁に来沖し、二〇一三年と一四年も続けて訪れた。一四年十二月、九一歳の比嘉は沖縄県内各地で講演し、多くの県民にも、普天間飛行場の在沖米兵にも同じメッセージを伝えた。「戦争は全て破壊する。これほど愚かなことはない」

住民として沖縄戦を体験し、戦後は米国市民権を持っていたため米兵に徴兵された喜舎場朝介（八五）、東恩納良吉（八〇）。二〇一五年現在、二人はハワイで暮らしている。

沖縄戦で県立第一中学校の学徒兵だった喜舎場は戦後渡米し、米通訳兵として朝鮮戦争に従軍した。退役後は祖母と再び暮らすために沖縄へ戻り、軍属として在沖米軍基地で

左上から金城秀夫、東恩納良吉、高山朝光、大城義信、比嘉武二郎、儀間真栄
左下から上地よし子、大舛重盛、金城正夫、上原徹、喜捨場朝介

四〇年余勤めた。二〇〇二年、退職を機にハワイへ移住した。県人会組織・ハワイ沖縄連合会（ＨＵＯＡ）の活動にも積極的に加わっている。沖縄で暮らした計六〇年余の経験を生かし、祭事など沖縄の伝統文化を県系人に伝えている。

東恩納は九歳で沖縄戦を体験し、米統治下の沖縄に米将校として駐留した。兵役を終えた後はハワイ州政府運輸局長を務め、ＨＵＯＡ会長にも就いた。要職を退いた後も、公私に渡って沖縄とハワイの交流に貢献している。二〇一五年十一月には、姉妹都市・那覇市を訪問したホノルル市長の案内役として来沖した。在沖米軍基地の負担軽減を進めるため、東恩納と共に米国政府へ要請行動に取り組んだ元沖縄県知事公室長の高山朝光（八〇）は、沖縄側でハワイとの交流に取り組む沖縄ハワイ協会の会長を務める。ハワイ州と沖縄県の姉妹都市締結三〇年を迎えた二〇一五年には、東恩納と高山はハワイと沖縄を共に行き来し、記念行事に参加した。双方の草の根の交流に精力的に取り組んでいる。

ハワイで生まれ育った「純二世」の金城秀夫は真珠湾攻撃後、敵性国人として収容所に送られた。差別への反発から米国市民権を放棄したが、戦後に集団訴訟で市民権を取り戻した。一九九〇年、米大統領は収容された日系人に謝罪文を送り、受け取った秀夫は「戦争がようやく終わった」と感じた。二〇一四年、九三歳になった秀夫は、大統領の謝罪文と収容所で書きためた絵をオアフの自宅で大切に保管していた。

昇と県立第二中学校の同期で、鉄血勤皇隊員だった金城正夫（八六）も二〇一四年現在、オアフで暮らしていた。戦後に米留学し、のちに在沖米総領事館で働いた。帰米二世の妻と出会い、一九五九年からオアフで生活している。

沖縄戦で消滅する県政末期を目撃した上地よし子（八九）＝旧姓具志＝は、県系二世で米通訳兵の夫健一と収容所で出会い、結婚を機にハワイに渡った。取材に応じた二〇一五年現在、車いすが欠かせない暮らしだが、七〇年前の記憶は鮮明だ。父のように慕い、沖縄戦で亡くなった荒井退造・沖縄県警察部長の遺族とは戦後も交流を続け、荒井の写真を大切に保管していた。

よし子を「姉や」と呼び慕った上原徹は少年警察官として沖縄戦を体験した。戦後も警察官として米統治下の沖縄を見詰めた。警察官を退職した後は友人の誘いで海運会社に勤めるなどして、浦添市で暮らす。上原は沖縄戦で友を救えなかった罪悪感から、その戦争体験を誰にも語ろうとしなかった。しかし、二〇一一年に琉球新報の取材に応じ、その体験が記事として初めて紹介されたことが転機となった。二〇一五年現在、八七歳の上原は県内外の学生に沖縄戦体験を語る場に幾度も招かれ、戦争の愚かさを伝えている。

戦死した兄が軍神と呼ばれた大舛重盛は喜舎場と一中で同期、戦後に警察官として上原の同僚だった。CIC、海軍捜査局（NIS）として警察を出入りした昇とは知った仲だ。一九八九年、刑事部長で退職した後、二〇一五年現在、八五歳となった大舛は浦添市の自宅で過ごしている。

沖縄師範鉄血勤皇隊の学徒兵として沖縄戦に動員された後、ハワイで収容所生活を強いられた古堅実吉は那覇市で暮らしながら、自らの戦争体験を語り継ぐだけでなく、現在も平和運動の最前線で拳を上げ続けている。

米統治下の沖縄では沖縄人民党員、非合法下の共産党員として米軍の弾圧にあらがい、そのためＣＩＣからは監視対象とされた。一九六一年には古堅を対象とした監視報告の米公文書が作成されていた。米公文書の存在を取材を通じて初めて知った古堅は「占領下だったとはいえ、本来自由な市民運動、政治活動が監視され、権力の情報網にさらされていた。公文書を読むと今も怒りが込み上げる」と憤った。

復帰前、米軍の監視対象だった古堅実吉。現在も反戦、平和運動に取り組む

古堅は人権を守るため弁護士と立法院議員、復帰後は県議、衆院議員それぞれの立場で住民の叫びを代弁してきた。政界の一線からは退いても、反戦反基地

の集会には必ず足を運ぶ。核兵器廃絶や平和を訴え、沖縄県庁を一周する昼休みデモは一九八四年二月に始まったが、二〇一五年現在、八六歳の古堅は毎週必ず参加している。普天間飛行場の移設先として新基地建設計画が進む名護市辺野古にも少なくとも週一回通う。「沖縄に新たな基地を造るな」。日米両政府による不条理を終わらせるため、古堅はこれからも拳を上げ続ける。

二〇一四年六月、米国ハワイ州のオアフ島。まばゆい日差しを浴び、海と砂浜が一層輝く。オアフ島は州都ホノルル市を抱え、州を構成する八つの島の中で三番目に大きい。ホノルルの六月の平均最高気温は約三〇度。湿度が低いためか、沖縄よりも涼しく感じた。観光客でにぎわうカラカウア通りから路地裏に入るとエワ・ホテルがある。その駐車場に一台の車が入った。車から笑顔で出てきたのは儀間昇と兄の真栄だった。

「ようこそハワイへ」

真栄は握手で歓迎した。真栄は四月に八九歳になったが、声と肌に年齢を感じさせない張りがあった。昇は九月で八七歳になろうとしていた。昇と妻スミ子は数年ごとに、昇の

ハワイで再会した儀間昇（右）と兄の真栄。昇は初めて兄の沖縄戦体験を直接聞いた＝2014年6月、ハワイ州オアフ島ワイパフのハワイ沖縄センター

長男虎雄の家族や真栄が暮らすオアフ島を訪れる。昇がオアフに滞在中、兄弟が取材に応じた。兄弟の再会は数年ぶりだという。

昇と真栄は、ワイパフのハワイ沖縄センターを取材の場に設けてくれた。センターは県人組織ハワイ沖縄連合会の拠点施設で、日米開戦の舞台となった真珠湾の近くに構える。センターの壁には真新しいパネルが掲げられていた。一三年末、県平和祈念資料館が企画した展示「ハワイ日系移民が見た戦争と沖縄」で用いられたパネルで、真珠湾攻撃や沖縄戦を体験したハワイ移民を紹介していた。昇と真栄の体験も記されていた。

真栄は目を閉じ、儀間家の歩みと戦争の記憶を語り始めた。「真栄から沖縄戦の話を直接聞くのは初めてだ」。昇がつぶやいた。戦後、ハワイに暮らす真栄は在沖米軍基地内の学校教員、ハワイ大学教授を歴任した。戦後は互いに行き来していた昇と真栄だったが、この時の取材まで、なぜか沖縄戦について語り合うことはなかったという。

真栄は昇に対する罪悪感を長く背負ってきた。真栄が八歳、昇が六歳の時、幼い兄弟の中から一人がハワイから沖縄に渡り、祖父母と暮らすことになった。最初に話を持ちかけられた真栄は拒み、昇が渡った。「私の代わりに昇は苦労した」。昇が取材の場を離れた合間、真栄は秘めた思いを吐露した。

真栄と昇は互いの話に耳を傾け、記憶を照らし合わせた。共に過ごした時間はわずか六年。母親の話題になると二人の顔がほころんだ。「その話、初めて聞くなぁ」。昇が笑みをこぼした。

ハワイと沖縄の体験者たちは、戦争の愚かさを証言していった。

## ■鎮魂

戦後七十年を迎えた二〇一五年六月二十三日の「慰霊の日」。沖縄とハワイは鎮魂の祈りに包まれていた。日米開戦の舞台となったオアフ島。真珠湾からも近いハワイ沖縄センターでも、HUOAが慰霊の日に合わせた式典を開催した。儀間真栄と比嘉武二郎、大城義信らが沖縄戦の体験を語り、若い県系人らが聞き入っていた。

参加者一〇〇人余は沖縄につながる西の方角へ体を向け、目を閉じた。真っ赤な夕日を浴び、黙とうをささげた。

真夏の日差しが降り注ぐ那覇市の城岳公園。県立第二中学校の校歌とセミの鳴き声が響き渡る。沖縄戦で命を落とした二中生の慰霊祭が執り行われていた。

一九四四年十月十日、米軍の大空襲がこの一帯を襲った。四年生の儀間昇は現在の公園付近にあった壕へ逃げ込んだ。母国による攻撃は校舎や教科書、そして希望を燃やし尽くした。

あれから七〇年余。慰霊祭に元学徒兵や遺族、二中を前身とする那覇高校の生徒が参加していた。「平和を守り抜く」。高校生が誓いの言葉を宣言した。昇はその様子を静かに見守った。

昇はほぼ毎年、二中の慰霊祭に出席しているが、真栄とハワイで再会した一年前は参加できなかった。出席は二年ぶりだ。

日差しを遮るテントは「遺族」「学校関係者」の張り紙で区分されていた。昇たち「元学徒兵」のテントは慰霊碑の真正面にあったが、用意されたいすは空席の方が目立った。昇たち三二期生の参加者は昇を含め二人だけだ。以前は三二期生で花輪を出したが、随分前に途切れた。この十年で鬼籍に入った学友は多い。年に一度の親睦会には十数人が集まる程度だ。

「こんにちは」

高校生が昇にあいさつした。その明るい声が心地良く、昇はうれしかった。

「元気な後輩の姿を見ると気持ちがいい。二中の校歌も演奏してくれた。平和な時代だと実感できる。僕らは学生時代、戦争のため、やりたいことを何一つできなかったからね」

七〇年前を振り返ると、昇は教育の恐ろしさを思い起こす。「天皇陛下は神であり、国には逆らうなと教えられた。戦争に行き、死ぬことを誰もが恐れなかった。僕らは洗脳されていた。それが当時の教育だった。僕はたまたまハワイで生まれ、祖父母と暮らすため沖縄に渡った。日本の教育を受け、国に逆らうなとたたき込まれた。つまりは洗脳だ。今振り返ると恐ろしいが、それが自分の運命だった」

昇に問い掛けた。学徒兵から米兵になり、戦後はCICとして沖縄の住民を監視した。後ろめたさはなかったのか。

昇が自分に言い聞かせるように答えた。「CICとして務めたことに後ろめたさはない。なぜなら民主主義が普及すると信じていたからだ。僕はウチナーンチュとして、沖縄のためになると信じていたんだ」。単にCICの任務を遂行したわけではない。沖縄の声を日米に伝えたい。昇はウチナーンチュとして、そんな思いを抱いていた。

日米がもたらした戦禍と基地の弊害は現在も続き、沖縄は怒りの声を上げ続けている。

「米国政府は沖縄から引き揚げたい意向もあるはずだが、日本政府がそれを引き留めている。反対する沖縄に基地を押し付け

二中慰霊祭で手を合わせる儀間昇＝2015年6月23日、那覇市

ているのは、民主主義国家になりきれない日本政府の怠慢だ。七〇年前、国を批判することは、とてもできなかった。戦後、抵抗し続ける沖縄は民主主義をまともに実践しているということではないか」。昇の口調が少しだけ強くなった。

慰霊祭の焼香が始まった。沖縄戦で命を落とした二中生一八七人の名が刻まれた慰霊碑に向かい、昇が手を合わせた。七〇年前、この場所で聞いたのは爆撃音だった。いま目を閉じると、聞こえるのは高校生たちの優しい歌声だった。

## あとがき

沖縄戦から米統治下までの沖縄史を書物で振り返ると、ＣＩＣがたびたび登場するが、その証言者は「監視された側」であることがほとんどだ。「監視した側」、つまり、ＣＩＣ当事者が沖縄における活動実態を証言した書物は圧倒的に少なく、その存在は謎に包まれていた。沖縄で活動したＣＩＣの証言を掘り起こし、戦後史の実相に迫ろうと取材を始めたのは、沖縄の日本復帰から四〇年の節目を翌年に控えた二〇一一年ごろだった。

当事者の高年化が予想される中、沖縄県公文書館所蔵の米公文書から手がかりを捜したり、復帰運動のけん引者や琉球警察時代を知る元警察官を取材したりした。ただ、ＣＩＣ要員は日系二世の米国人とみられ、沖縄県内で当事者を見つけ出すことは難航した。

糸口になったのは二〇一三年十一月、沖縄県平和祈念資料館が主催した特別企画展「ハワイ日系移民が見た戦争と沖縄」だった。「弟の昇は戦後、ＣＩＣになった」。企画展で儀間真栄の証言映像を見た同僚、梅田正覚記者からの情報で、停滞していた取材が一気に加速した。

本書は、二〇一五年一月から約一年間、琉球新報の戦後七〇年企画の一環として掲載された同題名の連載と関連記事をまとめたものだ。記事化の段階で、単にＣＩＣの実態に迫る内容だけではなくなっていた。なぜ学徒兵の昇は米兵になり、占領者側から沖縄を見詰めたのか。なぜ喜舎場朝介、東恩納良吉も米兵になったのか。一九四五年前後や一九七二年前後を断片的に切り取るだけではなく、体験者の長い歩みをきちんと伝えることで、多くの人生を翻弄する戦争の実相を浮き彫りにする狙いがあった。「戦世の奔流」に飲み込まれた人々に共通していたのは、戦争の愚かさへの指摘であり、戦争を知らない世代に同じ過ちを繰り返してはならないという警鐘を鳴らす思いだった。

戦後七〇年が過ぎた。減少する当事者からは沖縄戦の記憶だけでなく、米軍基地が形成された過程といった、米占領初期の記憶の聞き取りも急がなければならないと痛感する。取材に当たった五年間で、鬼籍に入った取材対象者は複数いる。現在も過重な基地負担に直面する沖縄の今後のかじ取りにおいて、当時者の証言は歴史的事実をきちんと伝えるだけでなく、基地問題の解決への道筋を示してくれるものにもなるだろう。

一方、ＣＩＣと蜜月の関係だった琉球警察の元警察官たちにも取材を試みたが、その多くは口を閉じたままだった。記事の掲載後、ＣＩＣ五二六分遣隊で働いていたという元基地従業員が本紙に連絡も寄せた。だが、取材を申し込むと断られた。今、特定秘密保護法、安全保障法制が進み、日本国憲法九条を念頭に置いた改憲勢力が国会で台頭するなど、「新たな戦前の始まり」とも指摘される。沖縄県名護市辺野古では新基地建設が強行されている。そのような時だからこそ、埋もれた証言に光を当て、人々の人生を翻弄する「戦争」「軍事」の本質に迫る検証作業が必要だろう。今後の課題として、積み残した取材への努力を重ねていきたい。

取材には梅田、島袋良太の各記者が協力した。新川愛奈さん、県平和祈念資料館の功刀弘之さんと新垣誠さん、那覇市歴史博物館、島守の会、ハワイ沖縄連合会、本紙ハワイ通信員の具志堅比嘉華絵さん、琉球大学の我部政明教授、沖縄国際大学の鳥山淳教授、沖縄県公文書館の仲本和彦公文書主任専門員、仲程昌徳琉球大学元教授から、ご協力、ご助言を頂いた。本書出版に当たり、新星出版の比嘉志麻子さんにご尽力いただいた。あらためて感謝申し上げたい。

琉球新報社記者　島袋貞治

二〇一六年夏

# 参考文献

▽沖縄県立第二中学校第三十二期生卒業四十周年記念事業委員会『戦世《いくさゆ》を生きた二中生』▽沖縄県平和祈念資料館『ハワイ日系移民が見た　戦争と沖縄　ハワイウチナーンチュの沖縄への思い』▽琉球新報社『沖縄戦新聞』▽吉田健正『沖縄戦米兵は何を見たか』（彩流社）▽米陸軍省編・外間正四郎訳『沖縄　日米最後の決戦』（光人社）▽菊池由紀『ハワイ日系二世の太平洋戦争』（三一書房）▽金武町史編さん委員会『金武町史第一巻　移民・本編』（金武町教育委員会）▽沖縄県文化振興会公文書館管理部史料編集室編『沖縄県史 資料編8　自由移民名簿 自一九〇八（明治四十一）年 至一九二〇（大正九）年 近代2』（沖縄県教育委員会）▽沖縄県文化振興会公文書管理部史料編集室編『沖縄県史資料編19　自由移民名簿　近代6』（沖縄県教育委員会）▽玉城村史編集委員会『玉城村史第6巻戦時記録編』（玉城村役場）▽玉城村史編集委員会『玉城村史第7巻移民編』（玉城村役場）▽新城俊昭『ジュニア版琉球・沖縄史』（編集工房東洋企画）▽福地曠昭『命まさい　徴兵を忌避した沖縄人』（那覇出版社）▽沖縄県教育委員会『沖縄県史第1巻　通史』▽北米沖縄人史編集委員会『北米沖縄人史』（北米沖縄クラブ）▽新城俊昭『琉球新報二〇〇三年十二月十二日付夕刊沖縄歴史人物伝』▽我部政明『琉球新報

二〇一〇年六月二十八日付朝鮮戦争開戦60年』▽ハワイ日本人移民史刊行委員会『ハワイ官約移住75年祭　ハワイ日本人移民史』（布哇日系人連合会）▽粂井輝子『友情と友好を結んで　―敞之館からラヂオプレスへ―』（ＪＩＣＡ横浜海外移住資料館研究紀要４）▽比嘉武信編著『新聞にみるハワイの沖縄人90年―戦前編―』（若夏社）▽比嘉武信編著『新聞にみるハワイの沖縄人90年―戦後編―』（若夏社）▽比嘉太郎編著『移民は生きる』（日米時報社）▽比嘉太郎編著『ある二世の轍』（日賀出版社）▽全米日系人博物館http://www.janm.org/jpn/main_jp.html▽立命館大学国際平和ミュージアム監修『岩波ＤＶＤブック　Ｐｅａｃｅ Ａｒｃｈｉｖｅｓ　オキナワ　沖縄と米軍基地から平和を考える』（岩波書店）▽一中学徒隊資料展示室管理委員会『若き血潮ぞ空を染めける　一中学徒の戦記』（養秀同窓会）▽大田昌秀編著『総史沖縄戦』（岩波書店）▽町田宗博、金城宏幸、宮内久光編『琉球大学　人と移動と21　グローバル社会Ｘ　躍動する沖縄系移民　―ブラジル、ハワイを中心に』（彩流社）▽菊月俊之『二世部隊物語』（グリーンアロー出版社）▽神谷良昌『帰米二世　ナンシー夏子の青春』（琉球新報社）▽琉球新報社編『証言沖縄戦―戦禍を掘る』▽森宣雄・鳥山淳編著『「島ぐるみ闘争」はどう準備されたか　―沖縄が目指す〈あま世〉への道』（不二出版）▽吉田亮編著『アメリカ日本人移民の越境教育史』（日本図書センター）▽吉田亮編著『アメリカ日系二世と越境教育　１９３０年代を主にして』（不二出版）

▽『ハワイヘラルド』一九四六年四月十二日付▽兼城一『【証言・沖縄戦】沖縄一中・鉄血勤皇隊の記録（上）』（高文研）▽沖縄人権協会編著『戦後沖縄の人権史・沖縄人権協会半世紀の歩み』高文研▽沖縄県知事公室基地対策課『沖縄の米軍及び自衛隊基地（統計資料集）』▽黒島八重子、山口重公、大舛重盛、山田恵子『わが父母の贈りもの　大舛家百年』▽西山千『真珠湾と日系人日米・友好と平等への道』（サイマル出版会）▽牛島秀彦『ドキュメンタリー真珠湾』（時事通信社）▽牛島秀彦『行こかメリケン、戻ろかジャパン　ハワイ移民の１００年』（講談社）▽源田実『真珠湾作戦回顧録』（読売新聞社）▽沖縄県知事公室基地対策課『沖縄の米軍基地』▽保坂廣志『日本軍の暗号作戦（上）』（紫峰出版）▽孫崎享『戦後史の正体　１９４５―２０１２』（創元社）▽宮城悦二郎『占領者の眼』（那覇出版社）▽有馬哲夫『昭和史を動かしたアメリカ情報機関』（平凡社）▽瀬長瞳著『カメジロウの遺言』（ゆい出版）▽沖縄県祖國復帰闘争史編纂委員会『沖縄県祖國復帰闘争史資料編』（沖縄学販）▽沖縄県公文書館『琉球政府行政組織変遷図』▽講談社『20世紀全記録（クロニック）』▽琉球新報社編『沖縄　20世紀の光芒』▽琉球新報社編『戦後政治を生きて　西銘順治日記』▽琉球新報社編『不屈　瀬長亀次郎日記　第1部獄中』▽琉球新報社編『不屈　瀬長亀次郎日記　第3部日本復帰への道』▽那覇市歴史博物館編『戦後をたどる　―「アメリカ世」から「ヤマトの世」へ』（琉球新報社）▽古堅實吉『命かじり―

古堅実吉回想録』（琉球新報社）▽瀬長亀次郎『瀬長亀次郎回想録』（新日本出版）▽小谷秀二郎『朝鮮戦争　38度線悲劇の攻防』（サンケイ出版）▽ウィリアム・B・シンプソン『特殊諜報員　日本の戦争を暴いた情報将校』（現代書館）▽仲村兼信編著『沖縄警察とともに』（若夏社）▽沖縄フリージャーナリスト会議編『沖縄の新聞がつぶれる日』（月刊沖縄社）▽毎日新聞社『昭和史全記録』▽内村千尋編著『瀬長フミと亀次郎　届かなかった獄中への手紙』（あけぼの出版）▽門奈直樹『アメリカ占領時代沖縄言論統制史』（雄山閣出版）▽沖縄県警察史編さん委員会『沖縄県警察史第三巻（昭和後編）』（沖縄県警察本部）▽山本武利『ＧＨＱの検閲・諜報・宣伝工作』（岩波書店）▽大野達三『アメリカから来たスパイたち』（祥伝社）▽琉球政府『沖縄縣史8沖縄戦通史』▽琉球新報社『世替わり裏面史　証言に見る沖縄復帰の記録』▽防衛庁防衛研修所戦史室編『沖縄方面陸軍作戦』（朝雲新聞社）▽Ann Bray,John P.Finnegan,James L.Gilbert『In the Shadow of the Sphinx: A History of Army Counterintelligence』(U.S. Department of Defense, U.S. Army, Army Intelligence & Security Command)▽徳田球美子、島袋由美子編著『久米島の戦争』（久米島の戦争を記録する会）▽渡久山朝章『アロハ、沖縄人　ＰＷ17歳のハワイ捕虜行状記』（ひるぎ社）▽山倉明弘「関西学院大学社会学部紀要１０４号『アメリカ市民権の使用と乱用―日系アメリカ市民戦時強制収容を中心として―』」（順不同）

島袋貞治（しまぶくろ・さだはる）

1977年生まれ、沖縄県那覇市出身。琉球大学卒。2001年、琉球新報社入社。中部報道部、社会部、南部報道部、経済部を経て、2016年4月からニュース編成センター整理グループ。

奔流の彼方へ
——戦後70年沖縄秘史 新報新書［7］

2016年8月15日　初版第1刷発行
著　者　島袋　貞治　　琉球新報社 編
発行者　富田　詢一
発行所　琉球新報社
〒900-8525
沖縄県那覇市天久905
問合せ　琉球新報社読者事業局出版部
ＴＥＬ（098）865-5100
発　売　琉球プロジェクト
印刷所　新星出版株式会社


ISBN978-4-89742-210-7 C0031
定価はカバーに表示してあります。
万一、落丁・乱丁の場合はお取り替えいたします。